Os Quatro Elementos

Deuse Mantovani
e Valéria Monteiro

Os Quatro Elementos

MADRAS®

© 2022, Madras Editora Ltda.

Editor:
Wagner Veneziani Costa (*in memoriam*)

Produção e Capa:
Equipe Técnica Madras

Revisão:
Ana Paula Lucisano
Arlete Genari

Dados Internacionais de Catalogação na Publicação
(CIP)(Câmara Brasileira do Livro, SP, Brasil)

Mantovani, Deuse
Os quatro elementos/Deuse Mantovani, Valéria Monteiro. – 1. ed. – São Paulo: Madras Editora, 2022.

ISBN 978-65-5620-021-7

1. Esoterismo 2. Espiritualidade 3. Religiosidade
I. Monteiro, Valéria. II. Título.

21-68133   CDD-133

Índices para catálogo sistemático:
1. Esoterismo 133
Aline Graziele Benitez – Bibliotecária – CRB-1/3129

É proibida a reprodução total ou parcial desta obra, de qualquer forma ou por qualquer meio eletrônico, mecânico, inclusive por meio de processos xerográficos, incluindo ainda o uso da internet, sem a permissão expressa da Madras Editora, na pessoa de seu editor (Lei nº 9.610, de 19/2/1998).

Todos os direitos desta edição reservados pela

MADRAS EDITORA LTDA.
Rua Paulo Gonçalves, 88 – Santana
CEP: 02403-020 – São Paulo/SP
Tel.: (11) 2281-5555 – (11) 98128-7754
www.madras.com.br

Os quatro elementos

trabalha a dor
trabalhador
fica na espera
do brotar na terra
a emoção sincera do seu calor
respira no ar
a emoção a pulsar
através do olhar
renascer em flor
exala perfume
mergulha na água
supera a mágoa
desfaz o que foi
encantador
cantou na dor
em forma
em flor
se fez calor
expressão de amor.
    Mensagem psicografada dia 02/10/2016

Índice

Prefácio 9
Introdução. 13
Os Quatro Elementos 25
Capítulo 1 – Os Quatro Elementos 25
    Os Quatro Elementos – a Origem 27
    Os Quatro Filhos de Hórus – Qebehsenuef, Duamutef, Hapi e Imset 42
    Os Quatro Evangelistas 42
    A Quadratura dentro do Círculo 43
    A Cruz 44
    O Trevo de Quatro Folhas 45
Capítulo 2 – Elemento Fogo 47
    Simbologia do Fogo 47
    As Qualidades do Fogo 52
    O Elemento Fogo no Temperamento 53
    O Elemento Fogo na Personalidade 54
    O Elemento Fogo no Comportamento 56
    O Fogo nos Sentimentos e nas Atitudes 56
    O Fogo nos Seres da Natureza 57
Capítulo 3 – Elemento Terra 59
    Simbologia da Terra 59
    Símbolos Associados ao Elemento Terra 63

    As Qualidades da Terra 66
    O Elemento Terra no Temperamento 67
    O Elemento Terra na Personalidade 68
    O Elemento Terra no Comportamento 69
    A Terra nos Sentimentos e nas Atitudes 70
    A Terra nos Seres da Natureza 71
Capítulo 4 – Elemento Ar 73
    Símbolos Associados ao Elemento Ar 77
    Qualidades do Ar 79
    O Elemento Ar no Temperamento 79
    O Elemento Ar na Personalidade 80
    O Elemento Ar no Comportamento 82
    O Ar nos Sentimentos e nas Atitudes 83
    O Ar nos Seres da Natureza 83
Capítulo 5 – Elemento Água 85
    Símbolos e Rituais do Elemento Água 89
    Qualidades da Água 89
    O Elemento Água no Temperamento 90
    O Elemento Água na Personalidade 91
    O Elemento Água no Comportamento 93
    A Água nos Sentimentos e nas Atitudes 94
    A Água nos Seres da Natureza 94
Capítulo 6 – Astrologia/Influência
    dos Planetas e os Elementos 95
    O Mapa Natal 98
    Demais Planetas 107
    Jornada Lunar para a Ativação
    dos Quatro Elementos 111
    Primeira Semana – Lua Nova – Elemento Fogo 114
    Segunda Semana – Lua Crescente
    – Elemento Terra 127
    Terceira Semana – Lua Cheia – Elemento Água ... 136
    Quarta Semana – Lua Minguante
    – Elemento Ar 143
Bibliografia 151

Prefácio

"Se vocês quiserem saber como foi o começo de tudo, perguntem ao nosso irmão mais velho, o fogo; se quiserem entender onde mora a alegria, pergunte à água cristalina, pois ela vem da fonte da alegria; querendo saber as notícias dos espíritos, questionem o irmão vento, pois ele vem de longe; se querem saber qual foi o som da criação, pergunte à Terra-Mãe, pois ela tudo gerou." (Apolinário, *apud* Munduruku)

É uma honra e uma grande alegria introduzir vocês à leitura deste livro, que trata de um assunto que interessa a todos nós: os quatro elementos da natureza e sua atuação em nossas vidas, culminando na sugestão de um processo vivencial que poderá nos enriquecer em vários sentidos. Como escrevi ao final da minha dissertação de mestrado (1994): "A Terra, a Água, o Fogo e o Ar podem ser vistos como forças que, condensadas, manifestam-se na matéria como fenômenos físicos, e enquanto princípios atuam ao nível psíquico. O homem contém esses dois estados (material e espiritual) em sua constituição. Foi feito a partir do barro e do hálito de Deus.". Eu já trabalhava com os aspectos simbólicos relacionados aos quatro elementos da natureza através de recursos expressivos em oficinas, mas foi a pesquisa de doutorado que me levou a conhecer, a partir dos ensinamentos que me foram passados por indígenas mexicanos em Oaxaca, a "Roda de Cura", ou "Roda da Doce Medicina", na qual os quatro elementos encontram-se associados aos pontos cardeais, formando dois pares de opostos complementares, em dois eixos: o que vai do Leste ao Oeste – a "estrada azul do espírito", e o que vai do Sul ao Norte – a "boa estrada vermelha" da vida terrestre.

As diversas etnias indígenas fazem atribuições diferentes à relação ponto cardeal-elemento, mas a que aprendi no México se encaixa perfeitamente com o que pesquisei sobre os elementos e as funções da consciência descritas por Jung: Leste – Fogo – Intuição, Sul – Água – Sentimento, Oeste – Terra – Sensação, Norte – Ar – Pensamento. A partir dessas correlações foi possível compreender o aspecto terapêutico do trabalho com os aspectos simbólicos dos quatro elementos.

Na Roda de Cura o Leste corresponde ao Fogo do Avô Sol, é o local da iluminação, de onde vem a inspiração e a motivação para um novo ciclo de experiências, que se inicia com um sonho, um projeto, um desejo. Todo início requer ousadia, coragem, combatividade diante dos desafios, a nossa criatividade é aqui solicitada e ativada. Todos os sonhos são como sementes que, após acessadas no Leste, precisam ser acolhidas e regadas, como a criança que nasce precisa ser cuidada, amamentada e amada. O Sul é o local onde nos encontramos com a nossa criança interior e com o Grande Feminino, onde podemos nos banhar nas Águas de nossos sentimentos, aprendendo a confiar na correnteza da vida, que com fluidez e flexibilidade contorna os obstáculos e segue seu caminho em direção ao mar. No Oeste, a plantinha que era maleável e frágil se transforma em uma árvore frondosa, fincando fundo as suas raízes na Terra, apoiando-se em sua própria força interior e aprendendo assim a buscar por si mesma as respostas, o seu alimento, responsabilizando-se por si própria e por seu mundo. Aqui as possibilidades acessadas no Leste se transformam em realidade manifestada no aqui e agora, a semente virou árvore que começa então a dar os seus frutos, que amadurecem e ficam prontos para serem colhidos no Norte, local do elemento Ar, desprendendo-se da árvore, como sabedoria extraída do que foi vivenciado, e que pode ser comunicado. A criança do Sul é agora, no Norte, o ancião que chegou ao final de sua jornada, e enquanto ela mergulha nas águas da sua alma, o velho alça voos e é capaz de vislumbrar horizontes, encontrando leis gerais para os fenômenos que observa. Através de todo esse processo empreendemos uma jornada que se encerra no Norte e faz a sua síntese no Centro, local do Éter, de onde nos elevamos a um novo patamar de consciência, trazendo nas mãos as sementes contidas nos frutos colhidos, para iniciar um novo ciclo no Leste, que além de local de nascimento é também local de renascimento.

Para além do equilíbrio biopsíquico que pode ser promovido através do trabalho com os aspectos simbólicos relacionados aos quatro elementos, atravessando toda a gama de seus atributos, esses processos podem ainda se expandir para o âmbito da ecologia profunda, refazendo a unidade primordial e essencial entre matéria e espírito, integrando a natureza humana à planetária. Quando Jung era questionado se os homens não ficariam muito egoístas ao se dedicarem ao autoconhecimento, ele respondia que não, pois quando o indivíduo aprofunda o olhar sobre si mesmo, vai atravessando camadas que vão da dimensão pessoal à transpessoal, e em última instância psique e mundo são dois lados de uma mesma realidade, que é una, embora se expresse em multiplicidade, sendo cada ser uma expressão singular de suas infinitas possibilidades. Como escreveu Jung sobre o processo de individuação: "A individuação não nos exclui do mundo, ela faz com que o mundo se torne parte de nós".

Patrícia Pinna Bernardo
Psicóloga, psicoterapeuta e arteterapeuta na linha junguiana. Pós-doutora em Mitologia Criativa e Arteterapia, coordenadora de cursos e pós-graduação em Arteterapia, em Mitologia Criativa, Contos de Fadas e Psicologia Analítica, e em Mitodrama e Teatro Arquetípico.

Introdução

"Não atingimos a iluminação imaginando coisas que simbolizam a luz, mas tornando a escuridão consciente."

Jung

Platão diz em *Timeu* que, quando Demiurgo criou o mundo, ele o dividiu em quatro partes e depois costurou as partes juntas novamente, formando quatro costuras na forma de cruz. Aqui a origem do mundo está conectada com o sinal da cruz, o ato original de dar a vida. Pitágoras, que é anterior a Platão, diz que o número fundamental é quatro, o tetraktys, que era considerado pelos pitagóricos como uma entidade mística. No Egito, o oito era a companhia mais sagrada dos deuses, os Ogdoads. Lá a origem do mundo é assistida pelos quatro macacos e quatro rãs. Hórus, o sol nascente, tem quatro filhos. Encontram-se os quatro na lenda do paraíso em que quatro rios fluem de Éden – a fonte da vida.[1]

---

1. Jung, seminário sobre Análise dos Sonhos – Palestra 2 – de 30 de janeiro de 1929.

A teoria dos quatro elementos provém dos primórdios da Filosofia. No Ocidente, há relatos e escritos desde o período pré-socrático, sobreviveu à Idade Média e atravessou o Renascimento. No Oriente, encontra-se na base do Budismo e do Hinduísmo antes de 5.000 a.C.

Água, Terra, Ar e Fogo, os quatro elementos servem como referência a várias obras filosóficas, literárias e religiosas. É mais provável que essa temática tenha surgido no Oriente, mais precisamente na China, onde depois foi desenvolvida a Teoria dos Cinco Elementos.

Os fenícios, primeiro grupo humano a desenvolver o alfabeto, consideravam serem os elementos da natureza forças autônomas e que eram honrados como deuses, pois constituíam a essência de todas as coisas do universo.[2]

Na Grécia pré-socrática, Tales de Mileto[3] acreditava que todas as coisas na Terra haviam sido formadas a partir do elemento água, absoluto. Ele achava que para a *Physis* (estudo sobre a essência de tudo) a água era primordial, além de ter um enorme poder de transformar-se nos três estados físicos conhecidos à época. Considerava relevante o fato de tudo neste planeta possuir umidade, todos os seres vivos, dos vegetais aos humanos. A água representava a presença de Deus em tudo o que existe, pois carregava em si a essência vital. Ele dizia que "todas as coisas estão cheias de deuses", referindo-se aos "fenômenos naturais" inerentes à matéria. Essa teoria constitui um marco, pois Tales de Mileto é o primeiro filósofo que abandona a religiosidade e baseia sua busca na observação e na razão.

---

2. Ribichini (1988, p. 104-128-125)
3. Kirk e Raven (1977).

Em Genesis,[4] no início de tudo o "Espírito de Deus se movia sobre a face das águas".

Na obra *Liber Platonis Quartorum*,[5] um tesouro da cidade de Haram, o autor estabelece quatro séries de correspondências entre as fases da Opus (que seria a obra do alquimista) e os quatro elementos. Nela, a água também figura como o começo de tudo. A primeira série, que fala sobre as coisas naturais, determina a água como a prima matéria e a relaciona com os nossos sentidos. Na segunda série, a terra é separada da água primordial, assim como no Livro do Gênesis.[6]

Anaximantro, discípulo de Tales de Mileto, preconizava que tudo teria surgido a partir da interação dos opostos, feita por um mediador; a *Physis* seria composta por Ápeiron, o nada, o indeterminado; e a razão de tudo existir, o ente harmonizador.

Essa teoria também encontra eco no Taoismo, as forças *yin/yang* emanadas do Tao, a força motriz de todas as coisas.[7] Os elementos são vistos como as cinco fases ou mutações: madeira (crescimento e vitalidade), fogo (desenvolvimento e aumento de energia), terra (estabilidade), metal (fruto do processo, resultado) e água (recolhimento e degradação). Apesar de os elementos aqui não serem os quatro elementos alquímicos, estabelece-se um sistema em que ocorrem ciclos de geração e destruição, como na roda de cura xamânica.

---

4. Gênesis (1:2).
5. The Harranite Treatise "Liber Platonis Quartorum" (in *Theatrum Chemicum*, V, 1622).
6. Gênesis (1:6).
7. Campus (2010); Lao-Tsé (1984).

Marcelo Del Debbio[8] discorre que é da fatoração do *yin/yang* que são gerados os quatro elementos, como polos duais intermediários desse sistema. Segundo ele, existem quatro aspectos a serem observados no relacionamento entre essas duas forças: a oposição das forças em um eixo; a interdependência entre elas, no sentido de que uma a não existe sem a outra; o interconsumo mútuo, que explica essa relação de forças dentro de um eixo, em que quando um aumenta o outro fatalmente diminuirá; e, por fim, a intertransformação, em que *yin* e *yang* podem transformar-se um no outro. Essa estrutura em eixo se fatora, então, em quatro partes inter-relacionadas que seriam os quatro elementos fogo, terra, água e ar.

Para Anaxímedes, o ar seria o elemento primordial ilimitado por ser sutil, capaz de permear tudo e nutrir tudo que respira no planeta.

Na Jônia, Heráclito desenvolveu o pensamento de que tudo muda o tempo todo, há uma força atemporal que move tudo e faz tudo fluir. Para ele, o fogo seria esse elemento primordial e a partir dele todos os demais se originaram. Quando condensado fica úmido e transforma-se em água que, por sua vez, pode se solidificar (elemento terra). O vapor de água ao se rarefazer transforma-se em fogo, reiniciando o ciclo. Para ele a dualidade, a guerra dos contrários seria resolvida por meio do fogo, em dois movimentos, um ascendente, geracionista e volatizante, e outro descendente: de decomposição e fixante. O fogo traria a verdadeira identidade das coisas, pois é o elemento que impulsiona movimento e mudança.

A partir de Empédocles e Anaxágoras, foram se consolidando as ideias que basearam a alquimia e o hermetismo ocidentais. Empédocles era de Agrigento, na Sicília, viveu em

---

8. Debbio (2016).

450 a.C. e foi o criador da teoria cosmogênica dos quatro elementos clássica. Anaxágoras, por sua vez, é de Jônia, criou sua escola filosófica em Atenas e viveu entre 500 e 428 a.C. Empédocles pensava que assumir apenas um elemento como base de tudo criaria um abismo entre razão e sentidos. A razão precisaria entender o que vemos, a natureza mutante de todas as coisas e, portanto, a impossibilidade de produção de algo a partir de um único elemento básico. Para ele, cada elemento possuía uma essência própria e permanente, subordinada a átomos indestrutíveis primários, e a *Physis* seria animada pelas forças *philia* e *neikos* (amor e ódio) que agregariam ou dissociariam os elementos para a formação de tudo o que há.

> Além disso, cada Elemento é imbuído, como tudo no Universo, com a essência não física do Divino, que chamamos de *Espírito*. Assim como cada pessoa é uma manifestação única do Divino, assim também é cada rocha, cada árvore, cada montanha, cada rio.[9]

Anaxágoras, por sua vez, aceitava a teoria dos quatro elementos como Empédocles, mas discordava da existência das forças contrárias na natureza, atrativa e repulsiva. Para ele, a natureza era plena e o universo formado por matéria sutil, autônoma e ilimitada que o criou a partir do caos, *nous* (inteligência). Essa força seria capaz de agregar e separar tudo, inclusive o impossível. *Nous* agiria sobre as sementes (homeomerias) que originaram tudo, a realidade em todas as suas manifestações. A ideia dessa inteligência superior irá depois influenciar pensadores como Aristóteles e Platão.

Aristóteles acrescentou o quinto elemento, o Éter, o princípio imutável e eterno, aos demais quatro e indicava

---

9. Zell-Ravenheart (2004, p. 157).

em sua teoria que o relacionamento dos quatro elementos se dava em virtude de suas propriedades, os eixos calor e frio, secura e humidade.

Nemésio (século IV d.C.), em *A Natureza do Homem*, fala da propriedade de transmutação dos elementos uns nos outros e da sucessão contínua dessas gerações recíprocas que garante a perpetuidade das coisas.

Platão também concebia o mundo a partir dos quatro elementos. Para ele o cubo representaria o elemento terra, o tetraedro teria relação com fogo, o octaedro com o ar e o icosaedro com a água. O dodecaedro seria o símbolo do universo e a representação do elemento éter, o equilíbrio dos quatro elementos. Na geometria sagrada, a *vesica piscis* é a área em que os círculos se encontram e cujas medidas têm correlação direta com as medidas da árvore da vida da cabala.[10]

Nesse primeiro momento, no Oriente, os elementos eram vistos como estados de mutação da energia/matéria. Já no Ocidente antigo, apregoava-se a eles a constituição da matéria em si. Nos escritos dos filósofos e alquimistas renascentistas, como Agrippa,[11] já se percebe a visão dos elementos como forças sutis, cuja manifestação se daria por meio de transformações recíprocas.

Nicolas Flamel, em seu *Un Thresor de la Philosophie*,[12] diz:

> [...] saibam, pois, que esta ciência consiste no conhecimento dos quatro elementos (incluídas suas estações e qualidades) que se transformam mútua e reciprocamente uns em outros. Todos os filósofos coincidem neste ponto [...] e saibam que sob o céu existem quatro elementos que, sem serem visíveis, se percebem através dos seus efeitos; a partir deles os filósofos,

---

10. Ver Melchizedek (2009).
11. Agrippa, *De Occulta Philosophia*. Livro três.
12. Ver Flamel (2011, p. 17).

amparando-se na doutrina elementar, criaram e desenvolveram esta ciência.

Para Agrippa, todos os seres naturais seriam derivados dos quatro elementos. Cada elemento, por sua vez, possuiria duas qualidades entre as quatro, opostas duas a duas: quente ou fria, seca ou úmida, etc., assim dispostas:

- Fogo: Quente e seco
- Terra: Fria e seca
- Água: Fria e úmida
- Ar: Quente e úmido

Essa forma de ver os elementos de Agrippa demonstra a maneira que os antigos pensadores desenvolveram as ciências ocultas, como Alquimia, Magia e Astrologia.

Esse conceito também é percebido na Índia, onde os elementos são vistos como formadores da matéria, e a medicina ayurveda se apoia nisso tentando equilibrar os humores vento, fogo e terra.

Segundo a Gnose, a união das duas energias que formam a polaridade presente em nossa existência forma uma terceira energia, a qual se denomina Filho Cósmico. Este, por sua vez, divide-se em sete frequências de energias distintas, chamadas de forças, princípios ou raios, que vão se subdividindo em sete, várias vezes, até dar origem ao mundo manifestado no qual existimos.

Essas sete energias, chamadas em sânscrito de *Tatwas*,[13] são reconhecidas como as sete forças sutis presentes na natureza. Quatro delas são visíveis, representadas pelos quatro elementos: fogo, terra, ar e água; e três delas invisíveis: éter, essência espiritual e substância primordial.

---

13. Apostila: "Os Florais no Equilíbrio dos Temperamentos", de Wania Gravina, 2003.

Aos *Tatwas* estão relacionados aos sete estados da matéria (sólido, líquido, ígneo, gasoso, etérico, subatômico e atômico); os sete corpos visíveis no céu (Sol, Lua, Mercúrio, Vênus, Marte, Júpiter e Saturno); as sete cores do prisma solar (vermelho, laranja, amarelo, verde, azul, índigo e violeta); as sete notas musicais (Dó, Ré, Mi, Fá, Sol, Lá, Si), etc. Os *Tatwas* visíveis são os descritos a seguir.

O Tatwa Prithvi está relacionado ao elemento Terra e à litosfera. Mantém a matéria vibrando em seu estado sólido, incluindo aqui as camadas do solo, pedras, metais, o corpo físico do homem e dos reinos da natureza. É relacionado também ao Sol, à nota Dó e à cor laranja. É o Tatwa do êxito na vida, na saúde, nos negócios, nos relacionamentos. É amor, caridade, benevolência, alegria. É o princípio magnético da Terra.

O Tatwa Apas está relacionado ao elemento água e à hidrosfera. Mantém a matéria vibrando em seu estado líquido, presente nos mares, rios, lagos e em todas as formas de expressão da água na natureza. É relacionado também à Lua, à nota musical Ré e à cor violeta. Ele atua concentrando e atraindo o que é bom para conversas amistosas, compra de mercadorias, viagens por vias aquáticas, etc.

O Tatwa Tejas está relacionado ao elemento fogo e à biosfera. Mantém a matéria vibrando em seu estado ígneo, incluindo o fogo, os vulcões, os raios e todo o tipo de manifestação desse elemento nos homens e animais. É relacionado ao planeta Marte, à nota musical Mi e à cor vermelha. Quando em atividade, torna tudo mais quente e seco. Gera a vontade de agir, trabalhar, mas também provoca irritação e desavenças.

O Tatwa Vayu está relacionado ao elemento ar e à atmosfera, mantém a matéria vibrando em seu estado gasoso, incluindo todos os gases nela presentes. É associado ao planeta Saturno, à nota musical Fá e à cor verde.

Da mesma forma, Rubens Saraceni, quando descreve as energias da criação, fala que a energia divina se fatora e esses fatores, como qualidades de Deus, se tornam visíveis a partir do plano elemental da vida. Eles englobam, no que denomina elementos, toda a energia gerada em nosso planeta. Em suas palavras: "Se considerarmos os quatro elementos básicos e os três derivados, temos energias em sete padrões gerais",[14] são eles: ígneo, eólico, telúrico, aquático, mineral, vegetal e cristalino.

Na Índia, os quatro elementos também foram relacionados aos quatro pontos cardeais e aos reinos da natureza: o elemento terra ao Oeste e ao reino mineral; o elemento água ao Leste e ao reino vegetal; o elemento fogo ao Sul e ao reino animal; e o elemento ar ao Norte e ao reino hominal.

A medicina hipocrática tem igualmente como base os humores corporais relacionados aos elementos, os fluidos (sangue, fleuma, bílis amarela e bílis negra) que abrangeriam não só corpo, como também comportamento e personalidade humanos. De acordo com as quantidades relativas encontradas no corpo, os humores levariam a estados de equilíbrio (eucrasia) ou doença (discrasia).[15]

Galeno, romano do século I, teve sua teoria como base do pensamento de práticas médicas até o século XVIII. A teoria dele era baseada na transformação de alimentos e ar que respiramos em carne e espírito. Para ele, cada órgão tinha sua função, como um poder de alma, que ajudava nos processos de purificação. O equilíbrio desses humores com ervas e sangrias era a ciência de sua medicina, que foi praticada e estudada muitos

---

14. Ver Saraceni (2010, p. 215).
15. Cairus (1999); Edelstein (1939).

séculos depois de sua morte. Para Galeno, os quatro humores, fleumático, sanguíneo, bile amarela e bile negra em equilíbrio eram os responsáveis não só pelo bom funcionamento do corpo, mas também da mente.[16] Os elementos eram encontrados também até em algumas especializações como a psiquiatria que, durante muitos anos, os teve associados a doenças mentais, como a esquizofrenia, e a tipos físicos, estes por sua vez determinados pela predominância dos elementos ou humores.

Carl Jung, na psicologia analítica, desenvolveu os quatro tipos psicológicos ou funções que a consciência usa para reconhecer e orientar-se no mundo exterior.[17] Patrícia Pinna Bernardo, em sua pesquisa, associa as funções psicológicas desenvolvidas da teoria da personalidade de Jung aos quatro elementos: Sensação (Terra), Pensamento (Ar), Sentimento (Água) e Intuição (Fogo),[18] que juntamente às atitudes de introversão e extroversão formam a base de sua teoria sobre os tipos psicológicos.[19]

> [...] nos relacionamos com os símbolos que cada experiência de vida potencializa através de como percebemos o que nos acontece (Sensação), de como isso nos afeta emocionalmente (Sentimento), de quais caminhos isso nos aponta em termos de possibilidades futuras (Intuição) e de nossas reflexões a respeito (Pensamento).[20]

---

16. Ver Kandel (2012).
17. Ver Jung (1971).
18. Bernardo (2010).
19. Jung (1985).
20. Bernardo (2008, p. 95).

Patrícia Pinna Bernardo[21] afirma também que a roda de cura ou "roda da doce medicina" (concepção da roda da vida dentro do Xamanismo) é representativa do movimento cíclico das etapas da vida, e nela cada um dos *quatro elementos* da natureza representa uma fase, "da semente ao fruto colhido", sendo este o movimento da totalidade de uma vida. Para ela, o elemento Fogo representa o início do processo, o nascimento, o trazer à luz; o elemento Água, a infância, quando ocorre o começo do desenvolvimento da consciência dessa semente, quando não há ainda uma forma definida; o elemento Terra, ligado a trazer à matéria, quando a semente virou árvore, ocupando seu espaço no mundo da vida adulta; e, por fim, o elemento Ar seria representativo da velhice e da morte, a finalização de um processo, quando o fruto se destaca da árvore carregando em si novas sementes que voltam ao centro, este representativo do éter, o princípio e o fim de todos os processos.

A medicina antroposófica também utiliza os biotipos pautados nos elementos e os associa a órgãos do corpo: sanguíneo (ar/rins); fleumático (água/fígado); colérico (fogo/coração); e melancólico (terra/pulmões).[22]

> O homem realmente está dentro de uma corrente que podemos chamar de corrente da hereditariedade, das características herdadas. A isso, porém, ainda se acrescenta, nele, algo diferente, que é o mais íntimo cerne espiritual da entidade humana. Assim, o que o homem trouxe do mundo espiritual une-se com o que o pai, a mãe, os antepassados lhe podem dar [...]. Aquilo que se coloca entre a linha hereditária e a linha que representa a nossa individualidade expressa-se pela

---

21. Bernardo (2010, p. 40).
22. Ver Steiner (1996).

palavra "temperamento"[...], é algo como a fisionomia de sua individualidade mais íntima.[23]

Assim como nas Ciências Herméticas, a base da Astrologia também reside na teoria dos quatro elementos, como denominação das forças vitais que compõem a criação em sua totalidade e como as percebemos fisicamente.

Para Arroyo[24] o mapa natal, em suas palavras, revela "o padrão de energia ou a afinação cósmica do indivíduo com os quatro elementos", ou seja, seu campo de energia.

Vimos dessa forma que o ser humano vem traduzindo sua relação com os quatro elementos desde os primórdios evolutivos e, cada vez mais, decodificando cientificamente sua importância e influência em nível fisiológico, químico, psicológico ou emocional.

---

23. Steiner (1996, p. 15).
24. Ver Arroyo (2013, p. 143).

Capítulo 1

Os Quatro Elementos

Os povos pré-históricos já realizavam oferendas com o propósito de acalmarem as forças e os elementos da natureza; para se fortalecerem diante de forças e poderes opostos ou antagônicos; para a proteção pessoal ou coletiva; para a cura de doenças e preservação da saúde; para afastar a miséria e trazer a prosperidade; para afastar calamidades e trazer a paz, etc."[25]

Como já vimos, os elementos encontram-se na base do Taoismo, do Hinduísmo, do Budismo, da Umbanda, entre outras. Pelos fenícios, assim como para os índios norte-americanos, eram honrados como deuses criadores do princípio de tudo; foram estudados pelos gregos do período pré-socrático, e durante séculos na medicina foram estudados como reguladores do físico e do emocional.

Podemos nos perguntar então: como culturas que não se entrecruzaram, seja na linha do tempo, seja fisicamente, podem falar sobre o mesmo princípio?

Os seres humanos se tornaram distintos das demais espécies quando seu cérebro começou a se estruturar e funcionar a

---
25. Saraceni (2007, p. 41).

partir do simbolizar. O advento do pensar por meio dos símbolos foi o que propiciou o desenvolvimento da linguagem, religião, filosofia, arte, música, ciência.[26]

A personalidade individual e seu desenvolvimento são expressos por imagens simbólicas, formações abstratas que representam "princípios", como os "archai" dos gnósticos, como programas mentais predeterminados, e os símbolos carregados por analogias permitem o acesso e a expressão dos conteúdos inconscientes.[27]

Jung preconizou que o homem não tem a capacidade de percepção ou entendimento de realidades por completo, pois é dependente de seus sentidos limitados pelo físico e por seus conteúdos internos, sejam estes conscientes ou inconscientes, isto é, como lhe toca o que vê, sente, escuta, cheira, encosta. Conceitos que estão fora da capacidade humana de compreensão precisam ser representados simbolicamente de maneira a serem respeitados ou seguidos. Em suas palavras, "não importa até onde o homem estenda seus sentidos, sempre haverá um limite à sua percepção consciente".[28]

O homem então simbolizará, por essa nossa condição, para ter o entendimento de como funcionam essas leis complexas da física e lidar com elas, criando filosofias de vida, religiões e procedimentos sagrados e diários.

Fica evidente no que tange à questão dos quatro elementos que existe uma unidade, um conjunto de princípios ou leis universais que cada povo e cada cultura codificaram e simbolizaram de maneira própria a partir da observação. Qual seria então a natureza desses princípios?

---

26. David Cox. *Professor Assistente de Biologia Molecular e de Ciência da Computação na Universidade de Harvard* Introductory Neuroscience. 2016.
27. Ver Jung e Wilhelm, (2010).
28. Ver Jung (2008, P.).

Os Quatro Elementos – a Origem

> Um torna-se dois, dois torna-se três e do três provém o um que é o quarto.[29]

É necessário que entendamos os quatro elementos como padrões eletromagnéticos, ou padrões de energia ou ainda como a física moderna significa, quantuns de informação.

A energia una da Natureza, ou *Logos* Divino, ou éter, ao entrar na atmosfera terrestre se biparte formando um eixo. Tudo que é composto na Terra se forma a partir de polaridades. Não há vida ou existência de qualquer coisa neste planeta sem processos de dualidade e esta, por sua vez, é a responsável pelo movimento.

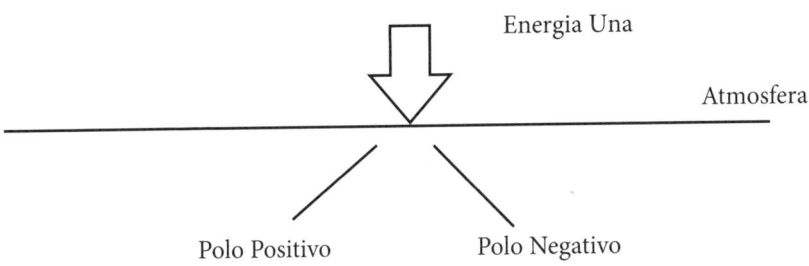

Forças fundamentais opostas e complementares

Encontramos este processo simbolizado em várias culturas e filosofias.

A Alquimia, por exemplo, inicia seus processos de transformação baseados na dualidade de Sol e Lua, que juntos formariam o andrógino hermético, aquele que carrega

---

29. Jung (2019, p. 139).

nas mãos o ovo filosófico, a representação da energia do Cosmos.[30]

Essa união também é celebrada no Forno Cósmico, cuja primeira representação que se tem conhecimento é atribuída a Cleópatra.[31]

Essa analogia é encontrada ainda em culturas como a Guarani, no Brasil. O uso do Petyngua como elemento sagrado denota isso. Ele é um cachimbo formado pela comunhão de duas partes básicas: o fornilho, representando a força feminina, e a haste representando a força masculina.[32] O fornilho e a haste, juntos, representam os princípios ativo e passivo da energia sagrada, e quando são unidos, transformam-se em um só e ganham vida.[33] Utilizado de maneira sagrada por essa cultura, a finalidade do Petyngua é transmutar energias e levá-las até o Grande Mistério. É o cachimbo que condensa as palavras de quem o utiliza, ou melhor, transforma as palavras em algo visível, e depois disso essas palavras são levadas pela fumaça aos quatro cantos do mundo e encaminhadas ao Grande Mistério.[34]

O símbolo da Medicina ocidental também traz em si a mesma simbologia: o caduceu de Hermes, cujas serpentes entrelaçadas representam o movimento cósmico, no qual duas forças antagônicas buscam o equilíbrio, a essência do princípio regenerador de todas as coisas.[35]

---

30. Seligmam (1997, p. 145).
31. Idem.
32. Silva (2015).
33. Schaden (1974).
34. Idem.
35. Trimegisto,(2005).

A lenda chinesa da criação do mundo fala que no início o universo estava contido em um ovo onde interagiam as forças *yin* e *yang*. Pan Gu, formado a partir dessas forças, após dormir 18 mil anos, quebra o ovo. Do seu conteúdo, o que era mais pesado afundou e formou a terra, e o que era mais leve flutuou e formou o céu. Pan Gu ficou no meio, entre céu e terra, e no processo de separação e afastamento de ambos ele foi crescendo. Quando o processo atingiu seu equilíbrio, Pan Gu, exausto, morreu e suas partes se transformaram em elementos da natureza.[36]

Para os nórdicos, antes do princípio dos tempos não havia nada, apenas um mundo feito de névoas, Niflheim, sem contorno definido, frio e cinzento, e o mundo feito de fogo, Muspell, eternamente em chamas, brilhante, entre eles uma lacuna de nada, "a garganta do abismo".[37] No limite de Muspell ficava Surt, existia antes dos deuses e acreditava que lava e névoa eram como um. No fim dos tempos, Ragnarök, ele espalhará fogo pelo mundo com sua espada flamejante. A vida floresceu do encontro desses dois mundos opostos por meio da morte de Ymir, o ancestral dos gigantes.[38]

Nos processos de meditação, hindus oriundos do Sanatana Dharma, a respiração expressa essa polaridade representada pelos deuses Shiva, o deus Sol, e Shakti, a deusa Lua; as forças centrípeta e centrífuga; elétrica e magnética; na respiração, expiração e inspiração. Para os hindus, a energia se move em movimento espiral, formado a partir das energias de Shakti e Shiva, forças eletromagnéticas que circulam em volta

---
36. Philip (2010).
37. Gaiman (2017, p. 28).
38. Gaiman (2017).

de Brahman, a força neutra.[39] Burger faz a associação da anatomia atômica a essa relação entre Shakti e Shiva e diz que o equilíbrio dessas forças eletromagnéticas cria a neutralidade, o "ventre da criação", e conclui: "das galáxias giratórias acima aos átomos giratórios abaixo, toda a criação é uma hélice espiral, a Dança de Shiva".[40]

Para Rubens Saraceni,[41] a energia divina se fatora e se movimenta por meio de ondas vibratórias específicas. Dentre os fatores, o fator magnetizador, por exemplo, tem a função de "magnetizar, dar magnetismo a tudo e a todos na criação", segundo suas palavras: "[...] identificamos os magnetismos como propriedades que individualizam e classificam as 'coisas' sejam elas divinas, naturais ou espirituais; sejam animadas ou inanimadas [...] constatamos que cada átomo possui seus campos magnéticos individuais que sustentam suas estruturas e lhe dão estabilidade". A partir daí passam a fazer ligações no sentido da formação da matéria.

Essa "respiração" do eletromagnetismo é expressa quando discorre sobre os fatores tripolares, que descreve como "resultados de ligações entre fatores puros complementares, onde positivo e negativo são partes de um todo, separadas pelos fatores neutros". São esses fatores os responsáveis pela criação dos elementos.[42] Em "magia divina" o uso dos elementos obedece ao magnetismo desses fatores, em que o polo positivo é irradiante e o negativo é absorvedor, e o neutro é equilibrador.

Voltando aos conceitos da física, essas forças eletromagnéticas são antagônicas e interdependentes e no universo,

---

39. Burger (2015).
40. Burger (2015, p.140).
41. Saraceni (2015, p.104).
42. Idem, p. 106.

como tudo está em movimento, esse par de opostos está sempre em transformação e interconsumo.

Se aumentamos a carga positiva, a carga negativa diminui e vice-versa, uma sempre se transformando na outra. No Tao, a figura do *yin/yang* mostra isso, quando atingimos o máximo de *yin*, produzimos a semente de *yang*, e vice-versa. Esse movimento é representado pelos pequenos círculos, o negro na parte branca e o branco na parte negra. Quando uma das polaridades chega a seu extremo, ela reproduz em si o seu oposto.

Estes polos são:

O polo positivo tem como qualidades a expansão, a dispersão, a capacidade de volatizar, de ativar, agir, e é simbolizado como solar, masculino, *yang* e elétrico.

Se fizermos pulsar uma carga elétrica positiva em um determinado ponto, o seu comportamento será representativamente assim:[43]

---
43. Hayt e Buck (2013).

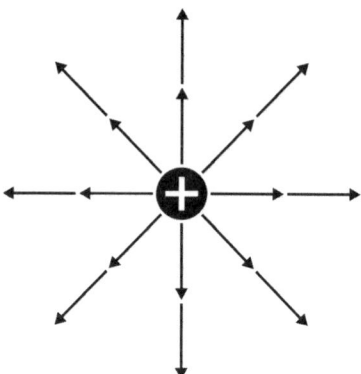

O polo negativo, por sua vez, é condensador, de tendência material, de densidade alta, restritiva, passiva, e é simbolizado como lunar, feminino, contemplativo, *yin* e magnético. Se fizermos, por sua vez, pulsar em um ponto fixo uma carga de natureza negativa, seu comportamento pode ser representado pelo seguinte diagrama:[44]

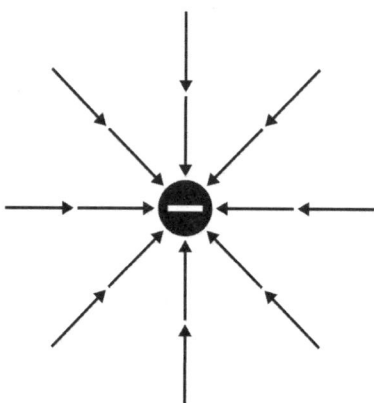

É preciso se fazer uma ressalva aqui. Não devemos confundir essa teoria com os conceitos de bem e mal, positivo e negativo, feminino e masculino, etc. Essas são nomenclaturas

---
44. Hayt e Buck (2013).

utilizadas para simbolizar polos opostos, interligados, inter-relacionados, interdependentes em um eixo, com igual carga e importância, e que estão em tudo e em todos.

Em tudo o que existe no nosso planeta há carga, pois tudo é formado a partir de átomos. Os átomos possuem carga negativa fora e positiva dentro com um polo neutro no meio, na mesma proporção, cada uma dessas cargas trabalhando de maneira oposta, uma sobre a outra, em eixo, como um jogo de puxar e empurrar, no qual o objetivo é encontrar a neutralidade.[45] É essa condição responsável pela força eletromagnética. De maneira geral, forças opostas se atraem e forças iguais se repelem formando o movimento em busca da neutralidade, fenômeno esse observado no gerador de Van de Graaff.[46]

Inter-relacionadas em eixo, essas forças opostas formam o movimento representado neste diagrama:

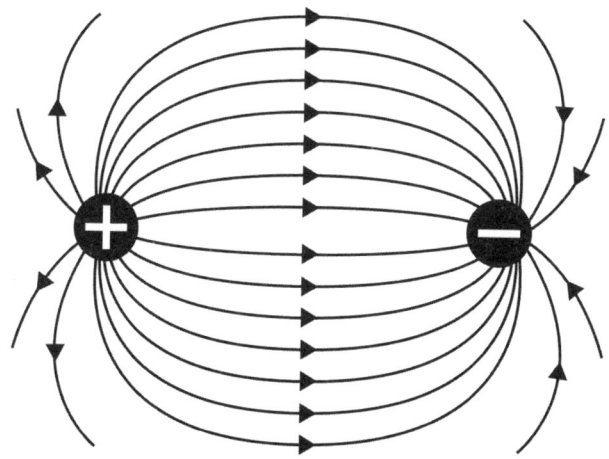

---

45. David Cox: Professor assistente de Biologia Molecular e Celular e de Ciência da Computação na Universidade de Harvard – in: *Introductory Neuroscience*, 2016.
46. Jemison van de Graaff criou um gerador que pode ser observado no Museu Elihu Thomson Theather of Electricity em Bostom, nos EUA. Trata-se de duas esferas polarizadas, conectadas por um tubo acelerador, de maneira que uma esfera possa empurrar os átomos e a outra puxá-los.

Esse movimento pode ser observado no nosso planeta, no nosso corpo, bem como em todas as coisas que existem.

A energia parte do centro centrifugamente, forma o campo eletromagnético e retorna ao centro centripetamente formando uma hélice espiral do eixo de polaridade, que muitos denominam movimento toroidal e que está na base de toda a criação na Terra. Torus representa um processo, um padrão de movimento, validado para tudo o que há na natureza, que começa a partir da expansão elétrica e volta ao centro por meio da contração magnética.

James Maxwell desenvolveu, no século XIX, a teoria que trata da relação entre Eletricidade e Magnetismo, e propôs que a luz visível inclusive seria uma onda eletromagnética.

O campo eletromagnético é formado pela interação entre campo elétrico e campo magnético. É o movimento de cargas elétricas que gera campo magnético. O fluxo magnético, por sua vez, ao ser induzido gera eletricidade.

Em termos de movimento, para facilitar a compreensão, temos que a eletricidade envia, expande; o magnetismo, por sua vez, é absorvedor e atrai. Jung atribuiu à eletricidade o poder da essência em todas as suas diferentes formas de se manifestar.[47] Eletricidade é o verbo, a ação, magnetismo é o que fixa tudo à matéria.

Esse fenômeno ocorre em todas as coisas e entre todas as coisas, tendo sido observado e registrado ainda em 600 a.C. por Tales de Mileto na Grécia, quando ele esfregou âmbar em lã e percebeu força elétrica entre ambos os materiais.

Tudo gera campo eletromagnético e todos esses campos se relacionam.

---

47. Jung (2010).

Na ciência do eletromagnetismo, tudo reside na busca pelo equilíbrio que, por sua vez, significa a neutralização dos opostos, achar o termo neutro entre os princípios da difusão[48] e da eletrostática,[49] em que o gasto energético tenda a zero, ou seja, seja o menor possível.

Essa característica se relaciona com o Princípio da Homeostase, lei natural observada pela ciência, que afirma que tudo na natureza tende ao equilíbrio, à estabilidade e ao menor gasto energético possível.

Quando uma situação como o esfregar de âmbar em lã é criada, o potencial de equilíbrio se dará quando as forças eletrostáticas causadas pelo contato, ou o desequilíbrio, se ajustem com a força de difusão, formando uma nova situação de equilíbrio.[50]

Galvani pensou ter descoberto a chave para a vida quando conseguiu associar em seus estudos a eletricidade ao movimento muscular.[51] Burr, por sua vez, acreditava que todo ser vivo seria dotado de campo eletromagnético individual e este influenciaria não só os processos bioquímicos próprios, como também os padrões de organização de toda a vida animada relativa àquele indivíduo.

Em 1937, com uma tecnologia extremamente primitiva, conseguiu provar que a voltagem ao redor do peito de ratos com câncer aumentava severamente semanas antes de um tumor maligno ser possível de detecção.[52]

---

48. Capacidade de expansão e de se misturar.
49. Busca pela neutralização do binário negativo/positivo em um mesmo eixo.
50. Ibidem nota 49.
51. Galvani – experiência a partir da dissecação de um sapo. A ferramenta de metal, ao tocar o nervo da perna, fazia ela se mover. 1771.
52. Mathews (s.d., p. 56). Trata dos experimentos de Burr com vários tipos de biocampos, como porcos-da-índia, ratos e ovos de salamandra.

Esses estudos e os que se seguiram provaram que todo organismo vivo (conjunto organizado) cria uma sinergia funcional que gera campo eletromagnético. Todo ser vivo possui campo eletromagnético, campo que interage com o meio, com os demais campos eletromagnéticos de tudo que existe e com o campo eletromagnético da Terra.

O campo eletromagnético da Terra afeta tudo inserido nela. Podemos observar essa condição em animais como tartarugas (que nadam por anos e depois retornam para desovar na mesma praia), baleias, golfinhos, pinguins (que também têm seus movimentos anuais de alimentação e procriação atrelados ao eletromagnetismo do planeta), aves com suas rotas migratórias, etc.

Dentro do movimento das cargas no Torus, tudo parte de um centro, a energia irradia para fora e é novamente recebida por esse centro neutro. O matemático Leonardo Fibonacci desenvolveu uma sequência matemática de progressão que representa esse movimento, descrevendo assim a lei que rege o fluxo energético na natureza.

As polaridades vão se alterando neste caminho, partindo do máximo da expansão para um início de contração até o máximo dela. Esse movimento das cargas é a origem dos quatro elementos. Nesse caminho cada irradiação, de acordo com sua densidade, seu comprimento de onda e velocidade vibratória, representa um elemento. Como diz Burger: "Os elementos são harmonias arquetípicas que correspondem às fases de materialização no ciclo evolucionário da polaridade".[53]

O elemento Ar rege todo movimento na natureza e é a expressão da inteligência cósmica. Nesse elemento as forças

---
53. Burger (2012, p.166).

centrípeta e centrífuga estão em equilíbrio dinâmico, o que mantém um campo neutro e consequentemente em estado de ressonância com a Fonte. Segundo Burguer,[54] o Ar é a "ponte entre o céu infinito e o mundo finito, a unidade de espaço e a diversidade do tempo".

O elemento Fogo traz a força expansiva, ascendente, positiva e centrífuga que é influenciada pela força solar.

O elemento Água surge quando as forças estão no movimento centrípeto, ou seja, caminhando em direção ao centro, descendente, magnético, negativo e influenciado pela força lunar. É o elemento responsável pela fluidez e pela forma.

Já o elemento Terra é a cristalização do movimento toroidal, a sua fase mais densa e material. Quando a energia sai do movimento espiral e toma o movimento linear, ela se cristaliza e ganha forma. A alteridade do ciclo ocorre quando no máximo da contração a resistência da matéria é quebrada, liberando a energia de volta para a fonte criadora, iniciando novo ciclo.

Na Alquimia, Agrippa[55] diz que é necessário um fundamento primordial intangível para a existência do mundo da geração, onde tudo se encontra em capacidade, para que as coisas se materializem e recebam sua natureza própria. Essa matéria primária ainda intangível, mutável pelo princípio da contrariedade, em que poderes primários opostos como calor ou frio não podem se juntar e se neutralizar, é de onde surgem os elementos ou essências.

Os poderes não se geram, são incorruptíveis, ao contrário das essências que se interconsomem e se transformam umas nas outras. Segundo Ocelo,[56] cada elemento tem um poder ou

---

54. Burger (2012, p.170).
55. Agrippa (2008).
56. Ver Netteshein (2016)..

qualidade que lhe é única; o Fogo é quente, a Terra é essencialmente seca, o Ar é úmido e a Água é fria. Com o movimento de interconsumo, os elementos combinam as qualidades em pares estáveis que "se apegam aos elementos de acordo com as qualidades manifestas desses elementos. O Fogo é quente e seco. O Ar é quente e úmido. A Água é fria e úmida e a Terra é fria e seca".[57]

Os poderes quente e frio são ativos e a eles se aplica o poder de agir; já os poderes seco e úmido são passivos e a eles é atribuída por Aristóteles a qualidade da susceptibilidade.

Com base nisso, Aristóteles dividiu os elementos em pares contrastantes: Fogo e Ar expansivos, com movimento de cima para baixo em direção ao limite. Terra e Água, ao contrário, têm movimento de contração, de cima para baixo, em direção ao centro.

Todos os elementos constituem contrários entre si. Fogo e Terra são um par oposto e extremo, um no máximo da expansão e outro no máximo da contração, e Água e Ar, intermediários e, por isso, por Aristóteles chamados de "misturas". Para a Alquimia, eles correspondem aos elementos de transição entre Corpo e Alma.[58]

Se diagramarmos os elementos dentro do símbolo do *Yin/Yang* teríamos no grande *Yin* o elemento Terra, no pequeno *Yin* o elemento Água, no grande *Yang* o elemento Fogo e no pequeno *Yang* o elemento Ar.

Para a Alquimia, a simbologia associada a eles é a que segue:

---

57. Nettesheim (2016, p. 916).
58. Debbio (2016, p. 41).

Os Quatro Elementos

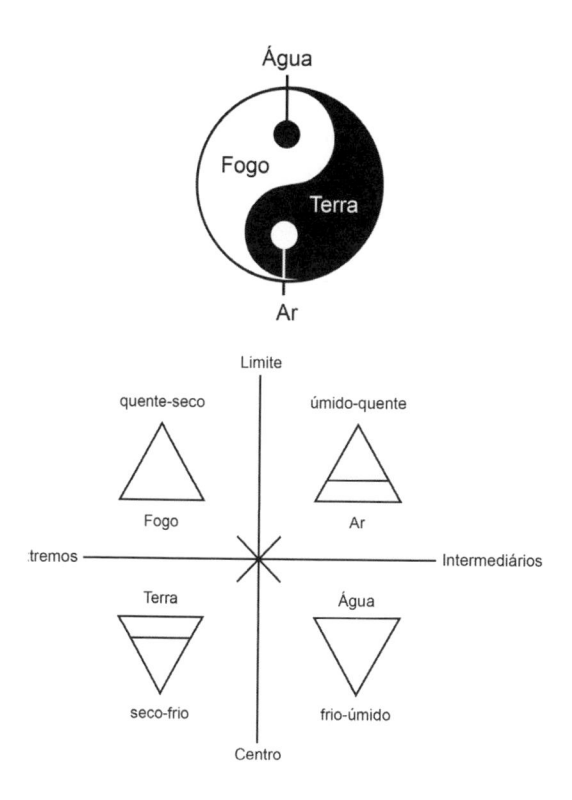

[Diagram: Yin-yang symbol labeled with Água (top), Fogo, Terra, Ar (bottom).]

[Diagram: Cross axis with Limite (top), Centro (bottom), tremos (left, Extremos), Intermediários (right), showing four triangles: Fogo (quente-seco), Ar (úmido-quente), Terra (seco-frio), Água (frio-úmido).]

Utilizando a analogia de Bernardo,[59] na teoria da personalidade de Jung esse movimento dos elementos parece muito claro. As quatro funções psicológicas atuam como mecanismos adaptativos à realidade individual, seja ela subjetiva ou objetiva.

As quatro funções psíquicas no homem pouco consciente se confundem e se misturam, funcionando em eixos opostos e complementares de interconsumo e interdependência inseridos dentro de um círculo, tal qual a energia eletromagnética

---
59. Bernardo (2012).

se expressa na natureza. No primeiro eixo, o eixo da percepção que fala como recebemos e assimilamos o mundo, estão intuição (fogo) e sensação (terra). Diametralmente opostos, sensação é concentrador, fala como recebemos o mundo que nos cerca por meio de nossos sentidos enquanto intuição (fogo) diz como o percebemos pela nossa conexão com o *self* e elementos do inconsciente. O outro eixo, o das funções pensamento (ar) e sentimento (água), também opostas entre si, é responsável pela avaliação e julgamento das informações recebidas. O sentir agrega à informação um juízo de valor e o pensar nos leva a conclusões.[60]

Angwin,[61] descrevendo a jornada interior dentro do Xamanismo, também faz a mesma analogia entre os elementos e as funções psicológicas junguianas; o elemento Fogo corresponde à função intuição, o elemento Água à função sentimento; o elemento Terra à função sensação e o elemento Ar à função pensamento.

Na Teoria da Personalidade da Psicologia Analítica, todos os indivíduos são dotados das disposições psíquicas introversão e extroversão, e das quatro funções psíquicas, cada individualidade, contudo, expressando-as em graus diferentes de potencialidade. Em termos práticos, isso significa que embora todo ser humano seja dotado das quatro funções, a maioria de nós desenvolve uma delas acima das outras três, tornando-a mais consciente que as demais, criando um acesso automático a ela e um estilo natural de comportamento a partir dessa estrutura. O polo oposto dessa função principal então estará enraizado no inconsciente e representará a função sobre a qual

---

60. Bernardo (2012).
61. Ver Angwin (1994).

exercemos menos controle e na qual estarão nossas maiores dificuldades e, portanto, nossa maior fonte de aprendizado.[62]

Reforçando a ideia de um sistema de interconsumo e interdependência, Grinberg[63] aponta que Carl Jung falava da consciência como um processo em constante desenvolvimento, formando-se a partir do inconsciente, cujas funções principais resultariam de adaptação da própria existência do ser e de todas as fases de sua vida. Realizar o processo o qual chamou individuação, a realização da identidade profunda do indivíduo, parte do princípio da relação entre conteúdos conscientes e inconscientes e sua integração à consciência.

> A consciência forma-se a partir do inconsciente e vai se desenvolvendo progressivamente [...]. Não somente o corpo [...] evolui, mas também a consciência. Como se ela fosse um "órgão" invisível que também cresce, desenvolve-se, adoece, necessita de cuidados e transforma-se ao longo de nossas vidas.[64]

Nichols[65] diz que "tanto no plano celeste quanto no terreno, o número quatro desempenha um papel decisivo como fator de ordenação". São muitos os símbolos que associam a ordenação de nossos pensamentos ao número quatro; as quatro direções, as quatro estações, os quatro ventos, os quatro cantos da Terra, os quatro rios do Éden, os quatro profetas, os quatro arcanjos, as quatro bestas do apocalipse, as quatro virtudes, etc.

A seguir discorremos sobre alguns destes símbolos:

---

62. Jung (1971).
63. Grinberd (1997).
64. Grinberg (1997, p. 70).
65. Nichols (2007, p. 115).

Os Quatro Filhos de Hórus- Qebehsenuef, Duamutef, Hapi e Imset

No Egito antigo, os quatro filhos de Hórus representavam os quatro suportes do céu, as quatro direções, os quatro pontos cardeais, os quatro ventos. Foram eles que anunciaram a vitória de Hórus sobre o deus Seth.

Presidiam com Osíris o julgamento e a pesagem das almas dos mortos no Saguão das Duas Verdades. [66]

Por serem os protetores do corpo de Osíris, após 1500 a.C. passaram a ser representados nos vasos canopos ou canópicos como seus guardiões. Os vasos canopos armazenavam as vísceras dos embalsamados.[67]

Filhos de Hórus	Ponto Cardeal	Órgãos	Símbolo
Hapi	norte	pulmões	Babuíno
Imset	sul	fígado	Homem
Duamutef	leste	estômago	Chacal
Qebehsenuef	oeste	intestinos	Falcão

Para Jung,[68] grupos de quatro indivíduos e animais constituem símbolos religiosos universais.

Os Quatro Evangelistas

Os quatro evangelistas, autores dos quatro evangelhos, figuram em muitas representações pictóricas por meio do tetramorfo

---
66. David (2011).
67. Bierbrier (2008).
68. Ver Jung (2008).

em afrescos, vitrais, esculturas e quadros. Têm suas obras e nomes atrelados a símbolos associados aos quatro elementos.

Lucas	Touro	Terra
Marcos	Leão	Fogo
Mateus	Anjo/andrógino	Água
João	Águia	Ar

No saltério escrito por volta do ano de 1200 e que se encontra na Abadia de Westminster, por exemplo, Cristo ao centro representaria a quinta-essência, a transcendência a partir do equilíbrio das polaridades.

Como na representação dos filhos de Hórus, na esfinge e os quatro evangelistas, o tetramorfo sugere a necessidade de integração dos quatro elementos dentro do homem. Schutz[69] diz que na primeira infância o ser humano anda de quatro, é a unidade indiferenciada, instintiva, animal. Quando adquire a capacidade de andar sobre duas pernas se adorna ao livre-arbítrio e imerge na dualidade para exercer suas escolhas. Pensamento que se assemelha ao de Jung[70] quando afirma que por ser o único animal a permanecer em pé, o homem seria responsável pela ligação céu/terra em si, a união do espírito com a matéria, a partir de onde as forças opostas *yin* e *yang* seriam sintetizadas e expandidas.

A Quadratura dentro do Círculo

A simbologia do círculo está associada ao céu e à sensação de abóbada que olhar para ele causa. O quadrado, por sua vez, à sensação de estabilidade, ao planeta Terra, à Mãe Terra, à matéria

---

69. Nilton Schutz – Palestra sobre Astrologia ministrada em março de 2018.
70. Ver Nichols (2007).

e ao feminino.[71] Indica, segundo Nichols, a orientação para a dimensão humana, quando a ordem e a Lei naturais se sobrepõem ao caos do inconsciente.[72] O círculo, por sua vez, é o princípio desse caos inconsciente, em que tudo é possível e tudo são sementes.[73]

O quadrado no círculo nos lembra da necessidade de termos nossas raízes, nossos instintos em equilíbrio, de planejarmos, de termos uma linha de tempo que nos traga a consciência. Sem raízes sólidas não conseguimos alcançar o céu. Del Debbio[74] diz que o quadrado está associado à palavra norma, que em latim significa esquadro, que também é um dos significados da palavra sânscrita *dharma*, ligada aos princípios regentes da Lei Universal.

Tanto a quadratura dentro do círculo, quanto a quadratura do círculo e a cruz dentro do círculo sintetizam os mistérios envolvidos na cosmogonia e sinalizam que o percurso da consciência ocorre de maneira horizontal ou terrestre e vertical, celeste. No microcosmo humano esse símbolo representa a totalidade humana, unidade indissolúvel que abrange o corpo e o *self* (consciência divina em nós), promovendo a harmonia de ambos.

A Cruz

A cruz compartilha a simbologia do quadrado e do número quatro. Há relatos da utilização da cruz como um símbolo pelos povos antigos desde o período Neolítico.

---

71. Silveira (2015).
72. Nichols (2007).
73. Bernardo (2008).
74. Debbio (2016).

A Cruz Solar (a cruz inserida no círculo) é a primeira representação desta de que se tem notícia. Representava o ciclo natural e o sol. Nise da Silveira,[75] psiquiatra que estudou por muitos anos as imagens produzidas por internados com problemas psiquiátricos, observou a associação desse símbolo à conotação de totalidade. Era recorrente em trabalhos que mostravam o impulso de estruturação da psique.

✚	A Cruz Grega ou equilateral tem seus braços de igual comprimento, muito utilizada na Idade Média, simboliza os quatro elementos e os quatro pontos cardeais.
✝	Cruz Latina – Na Alta Idade Média, com a evolução da Igreja Católica, o homem passou a crer que somente sua fé em Deus o elevaria à esfera espiritual. A cruz foi alongada e utilizada não só nas representações pictóricas, como também na arquitetura das igrejas.
☥	A Cruz Egípcia ou Ankh (Ansata) simboliza a chave da vida pela união dos opostos e o equilíbrio da totalidade. Para os praticantes de Wicca é um amuleto para fertilidade e saúde.
♱	A Cruz Celta ou céltica, utilizada pelas igrejas protestantes, é a representação da unidade e da totalidade do amor de Deus. Simboliza também a fertilidade.

O Trevo de Quatro Folhas

Na Mitologia Celta eram atribuídos à pessoa portadora de um trevo de quatro folhas os poderes da floresta e a sorte dos deuses. Suas quatro folhas formam um ciclo completo e, por isso, é símbolo de boa sorte ou fortuna e usado como talismã por

---
75. Silveira (2015).

muitos povos e culturas, desde o povo celta até os dias de hoje. Tem associações simbólicas com os quatro elementos, as quatro fases da lua e as quatro estações do ano. Popularmente, atribui-se a cada folha uma qualidade: esperança, fé, amor e sorte.

"Tudo possui uma alma secreta, que se cala mais do que fala" (Kandinsky). [76]

---

76. Kandisnsky fez essa declaração em Berlim, no ano de 1913. *Selbstbetrachtungen-Dokumente*, p. 89.

Capítulo 2

Elemento Fogo

A relação do homem com o elemento Fogo data de milhares de anos antes de Cristo, ou seja, muito antes de sua biologia moderna estar estruturada. Há registros de utilização do fogo por hominídeos como o *Pithecantropus pekinensis*, ou *Homo erectus pekinensis*, o homem de Pequim.

No início, os hominídeos utilizavam o fogo a partir de eventos aleatórios como raios caindo em árvores ou incêndios na mata. Com sua evolução, a partir da observação desse elemento na natureza, pasaram a zelar pela manutenção e conservação da chama acesa e, por fim, se apropriaram de sua produção por meio da fricção de pedras ou madeira, provocando faíscas na palha.

Primeiramente o fogo assegurava apenas a proteção contra animais selvagens, somente depois passou a ser utilizado na caça e dentro das casas para aquecimento e cozimento dos alimentos. Sua descoberta foi o fato mais significativo no que se refere à evolução desses seres durante a Pré-história.

Simbologia do Fogo

O homem tem uma íntima relação com o elemento Fogo. Sua simbologia está associada a uma parte importante da construção do conhecimento da estrutura anímica humana.

Aniela Jafet[77] salienta a importância de o homem integrar o conteúdo psíquico dos símbolos em sua vida, pois dizem respeito a obedecer à sua natureza que é instintiva.

> O Fogo, então, simboliza o Espírito Sagrado do Divino, o Inefável, o Indescritível. É fácil imaginarmos o espanto que os primeiros homens do planeta devem ter tido quando avistaram uma fogueira pela primeira vez. Aquele material sem forma, capaz de gerar luz e calor, como uma parte do próprio Sol que havia caído dos céus como um presente divino e sagrado.[78]

Para os gregos, o fogo também tinha atributos divinos, que, de acordo com a sua mitologia, foi devolvido à humanidade pelo titã Prometeu que o roubou de Zeus.[79]

Héstia, filha de Reia e Cronos, era para eles a deusa dos laços familiares simbolizados pelo fogo da lareira. Por ter se mantido virgem com a permissão de Zeus, passou a personificar o fogo sagrado, aquele que traz a vida nutriente, a força da pureza absoluta, o sacrifício permanente em respaldo às falhas morais humanas, garantindo-lhes proteção e êxito.[80]

Foi eleita também a protetora das cidades e famílias, e seu fogo era mantido permanentemente aceso nos lares e templos.

> Quando os gregos fundavam cidades fora da Grécia, levavam parte do fogo da lareira como símbolo da ligação com a terra materna e, com ele, acendiam a lareira onde seria o núcleo político da nova cidade. Em Delfos, era conservada a chama perpétua com a qual se acendia a Héstia de outros altares.[81]

Os astecas e povos anteriores a eles no México Central, da mesma forma, utilizavam o fogo oriundo da cerimônia do "Fogo Novo", a "união dos anos", para acender as tochas que

---
77. Ver Jung (2008).
78. Debbio (2016, p. 32).
79. Brandão (1986).
80. Santos (2012).
81. Debbio (2016, p. 34).

transportariam esse fogo para o templo Mayor, para os templos menores nos bairros e por fim para as residências privadas. Essa cerimônia acontecia a cada 52 anos, no final do ciclo completo de cada calendário, com o intuito de impedir o fim do mundo. Era realizada em uma plataforma-templo no cume de Huixachtecatl, próximo a Colhuanan, visível na maior parte da bacia do México.[82]

Quando o Cinturão de Órion, que eles chamavam de "broca de fogo". surgia acima do horizonte, ocorria o sacrifício de um homem que recebia em seu peito uma broca de fogo. Ao saltar das primeiras faíscas, a fogueira era acesa e assim declarado o início de um novo ciclo do calendário.

Em muitas outras civilizações, o elemento Fogo foi representado por deuses ou divindades como Agni, tido como o fogo purificador pelos hindus; Betoro Bromo, deus indonésio do fogo; Al-ait, deus fenício do fogo; Pachacámac, deus inca do fogo; Vil-kan, deus caldeu, dentre muitos outros. Na Umbanda, o elemento Fogo é presente no Trono da Justiça, pelas espadas flamejantes de Xangô e Oroiná.[83]

Para os celtas, a fogueira era a representação dos fogos do deus Belenos, com sua luz e sua força. Belenos é um deus solar que "César assimilou a Apolo na qualidade do Deus que cura".[84] Nos festivais de Beltane, ele carregava a força do masculino nos rituais de fertilidade, e como parte da tradição, as pessoas queimavam oferendas e pulavam a fogueira para receber a força e o poder de realização.

No Brasil, os índios Suruís de Rondônia contam que o criador Palop pediu a Orobab, o pássaro de cauda comprida, que roubasse o fogo das onças e o desse de presente aos homens

---
82. Elson e Smith (2001).
83. Cumino (2008).
84. Santos (2012, p. 88).

para que pudessem se esquentar à noite e cozinhar. Ele o fez pousando sobre um galho de urucum, depois em um galho de ituá e finalmente em um galho de pau-brasil, as três árvores cujos galhos quando friccionados produzem fogo.[85]

Por essa maneira de ser obtido, o fogo carrega também o simbolismo sexual, a fricção de um galho em algo que o contém leva à obtenção do fogo como resultado de uma união sexual.

Nos rituais com fogo ele é o agente de purificação, pois contém em si a luz e a verdade dos deuses, trazendo conexão, regeneração e consciência. Os índios Karajás do Tocantins-Xingu têm o costume de se reunir à volta da fogueira à noite para contar histórias da cosmologia. Quando se apaga o fogo, eles silenciam e se recolhem em paz.[86]

Assim como por meio das divindades, o elemento fogo também pode ser simbolizado de outras formas, por objetos, cerimônias, talismãs, etc.

A coroa, por exemplo, simboliza uma fogueira acesa indicando a ligação de quem a possui, com o divino. Normalmente feita com elementos nobres como ouro, o louro para os gregos, pedras preciosas, etc. Representa "poder, imortalidade, justiça, vitória, triunfo, ressurreição, honra e glória da vida após a morte; por isso era usada por monarcas, nobres, santos e deuses".[87]

A auréola (círculo dourado em volta da cabeça) na arte em muitas culturas carrega a mesma simbologia. Aniela Jaffé[88] também diz que essas formas mandalares acima da cabeça representam o *self* do indivíduo transposto ao plano do cosmos. A auréola de Cristo em muitas pinturas vem dividida em

---

85. Boff (2014).
86. Idem.
87. Debbio (2016, p. 36).
88. Ver. Jung (2015).

quatro, representando a unidade adquirida pelo equilíbrio dos quatro elementos.

Saraceni nos diz que as velas também são substitutas das fogueiras, de piras e tochas utilizadas em rituais sagrados desde a Antiguidade.

> As velas usadas nos templos têm o poder de consumir as energias negativas e os miasmas que são descarregados pelos seus frequentadores dentro do seu campo eletromagnético, assim como num intercâmbio energético, recebem da divindade a qual foram consagradas um fluxo de energia divina que se espalha pelo altar e irradia-se pelo espaço interno, alcançando quem se encontrar dentro dele.[89]

Na Antiguidade não ocorriam cerimônias, cantos ou rezas sem a presença de velas ou tochas acesas, pois se acreditava que a luz era a representação das divindades e dos bons espíritos. Ao lado dos corpos dos mortos, por essa razão, sempre eram acesas luzes ou tochas com a intenção de afastar os espíritos das trevas até que os seus corpos fossem enterrados.[90]

Segundo Rudolf Steiner, "onde reinos naturais diferentes se tocam", oferece-se a oportunidade para que "determinadas entidades espirituais" se corporifiquem. São entidades que não têm corpo físico, mas possuem inteligência. Toda vez que um homem se relaciona com um animal, surge uma entidade elemental denominada Salamandra.[91]

As salamandras representam também a essência do elemento fogo e são imunes ao seu poder de redução de tudo a cinzas. Simbolizam a capacidade de transmutação e são utilizadas para diminuir obstáculos no nosso caminho de desenvolvimento e evolução espiritual.

---
89. Saraceni (2000, p. 36).
90. Idem.
91. Steiner (2013).

Favorecem não só nossa evolução espiritual, como também sustentam nossa vida física e psicológica. São responsáveis pela nossa regulação de calor interior, no sentido de transformar alimento em energia e pensamentos em emoções.

São perigosas e exigem certo cuidado, pois podem em nosso desequilíbrio fomentar o incêndio de nossa razão levando-nos a paixões insanas ou à violência.

As Qualidades do Fogo

O elemento Fogo é a representação do máximo da expansão da eletricidade, o "Grande Yang", o mais expandido e sem limites, o sutil do sutil, positivo, masculino, cujo mote é agir, ter a vontade da ação. Representa ainda a espiritualidade, o divino.

O fogo é quente, brilhante, ilimitado, rápido, com movimento ascendente, crescente, ativo e poderoso. Ele ilumina todas as coisas e vai do inferno ao firmamento, já que no seu eixo se trabalham a escuridão e a luz.

Ele está em todas as coisas na terra e em tudo que é vivo, como: animais, vegetais, elementais, pois todos são animados pelo calor. O fogo, para a Alquimia, está na origem de todas elas, pois é considerado o princípio de tudo e de todos os movimentos de mudança.

> "O fogo representa a luz que dá vida às coisas e o calor que as torna férteis. Ativo, poderoso, renovador. É a parte iluminada e malvada da natureza das coisas, podendo destruir ou produzir a maioria delas."[92]

O fogo, no organismo de um ser humano, será sua energia vital, a manifestação do espírito, a força e a vitalidade do

---

92. Mantovani e Cunha (2019, p. 100)..

corpo; está presente nos sonhos e desejos que impulsionam a vida; suas ações, a força de criar e a força de fazer.

O Elemento Fogo no Temperamento

Para a Antroposofia, o fogo está relacionado ao temperamento colérico. No corpo físico dos indivíduos com esse temperamento, ele se traduz pela presença de uma mandíbula proeminente e angulosa, boca com dentes cerrados e o fogo interno transparece por meio de seu olhar cativante. O gestual de lançar a cabeça para trás, o estufar o peito e projetar o pescoço e a testa para frente, ao enfrentar seu opositor, são características do colérico, cujo porte físico também salienta os ombros e o pisar com passo firme apoiado sobre os calcanhares.

A natureza colérica expressa o fogo interno do ser para o mundo pela chama da vontade e da ação. Segundo Steiner, existem duas questões nesse processo, a primeira relaciona-se ao fogo da vontade e a segunda ao ferro contido no sangue que o impele para o mundo e para a ação. Segundo ele, suas ações e projetos serão fruto da manifestação do divino espiritual em si.

O temperamento colérico também está associado ao fogo do fígado, uma vez que durante a digestão ele propicia o pico mais alto da temperatura corpórea. Esse órgão sadio facilmente exterioriza seu calor, representado pela rápida tomada de decisões. Por outro lado, o fígado superaquecido traz nos seus excessos o egoísmo e os desejos de poder. Assim, podemos dizer que o fogo da natureza colérica determina como se realizará a individualidade daquele ser: o equilíbrio do temperamento o leva à expressão do divino e seu desequilíbrio às forças obscuras e demoníacas.

Como exemplos de personalidades coléricas, podemos citar Napoleão Bonaparte e Beethoven.

O Elemento Fogo na Personalidade

Para Bernardo,[93] o elemento Fogo está associado à função intuição, pertencente ao eixo de polo oposto com a função sensação (elemento Terra).

> [...] elemento Fogo abarca a questão de como podemos iluminar e tomar consciência de aspectos psíquicos ainda inconscientes, que são como sementes prontas para serem germinadas. O que faz com que algo possa vir à consciência é a nossa capacidade de, com o nosso olhar, lançar luz sobre o desconhecido.[94]

A intuição vai abrir a visão para possibilidades futuras, enquanto a sensação capta o que está presente aqui e agora. A intuição dá a luz, vai em busca de conexões, significados e faz com que percebamos por meio de conteúdos e conexões inconscientes. Vê a natureza oculta de todas as coisas, apontando-nos para possibilidades do como e do porquê dos acontecimentos e das possibilidades futuras.[95] Diz respeito à tomada de consciência, ao poder pessoal, à autoconfiança e ao entusiasmo.[96]

Os indivíduos cuja personalidade refletem a presença do elemento Fogo, ou tipos intuitivos, podem ainda ser classificados como introvertidos ou extrovertidos.

Os indivíduos classificados como tipo Intuição/Extroversão têm suas atitudes voltadas para o futuro e orientadas de maneira objetiva. Sua natureza, como a do fogo, tende a seguir o livre curso e o impulso, mais do que a vontade concentrada.[97]

O fogo concentrado na psique dificulta tanto o senso de julgamento quanto a percepção sensorial. São indivíduos muito atentos a novidades, novas ideias, conceitos, concepções de mundo. Tendem

---
93. Bernardo (2010).
94. Bernardo (2010, p. 40).
95. Ramos (2008).
96. Bernardo (2010).
97. Zacharias (2006); Sharp (1991); Niyers e Myers (1980).

a não gostar de situações estáveis e rotinas, a ser engenhosos em seus planos e projetos; mas como a natureza é impulsiva e curiosa, tendem muitas vezes a ter dificuldade em concluir os projetos que começam. Por visualizar diferentes possibilidades facilmente caem no comportamento de "pular de galho em galho". Costumam ser individualistas, independentes e cheios de iniciativa, confiantes, com força de caráter e inspiração. Muito focados nos assuntos que lhes são de interesse. Costumam ser perceptivos com relação aos que o cercam e de fácil convivência, usando com facilidade as *expertises* da equipe em prol de seus projetos. São indivíduos que dão bons homens empreendedores normalmente motivados para o planejamento, mas não para a execução, como escritores, vendedores, políticos, líderes, psiquiatras e palestrantes. Seu ponto fraco está atrelado a questões cinestésicas, ou seja, à sensação corpórea que esse indivíduo tem de si. Na via negativa eles tenderão à hipocondria, a fobias e sensações físicas fora da realidade.

O tipo Intuição/Introversão tem o olhar voltado para si e seu mundo subjetivo. Está ligado ao inconsciente coletivo, ao mundo arquetípico e tende a viver muito pouco a realidade objetiva, apesar de apresentar um olhar muito profundo das coisas. As possibilidades futuras vêm de sua visão interna e de sua intensa inspiração e engenhosidade para solução de problemas. São pessoas que geralmente seguem carreiras artísticas e poéticas, por exemplo: filósofos, teólogos, pesquisadores e também profetas, gurus, visionários, por apresentarem esta característica "viajante". A principal dificuldade dessa tipologia é gerenciar a realidade objetiva, pois quando as demais funções relativas ao julgamento, ao sentimento e ao pensamento são falhas, tenderá a fechar-se em si mesmo e se tornar improdutivo. No desequilíbrio pode apresentar neurastenias e neuroses obsessivas.[98]

---

98. Zacharias (2006); Sharp (1991); Myers e Myers (1980).

O Elemento Fogo no Comportamento

De maneira geral, as pessoas com o elemento Fogo presente no comportamento são criativas, cheias de visão, entusiasmo e paixão. Elas costumam viver no universo do potencial do futuro, podendo ser grandes líderes e inovadoras por terem o dom de inspirar os outros.[99] Os representantes do Fogo abraçam a vida, as pessoas e as grandes causas, com igual valor e entusiasmo, sendo capazes de contagiar até o coração mais cínico com sua alegria de viver. São pessoas impulsivas e dinâmicas, aventureiras, incansáveis, que só se sentem à vontade diante de um dragão para combater ou uma missão para cumprir. Muitas vezes são atraídas pelas viagens e estão sempre na vanguarda das mudanças.

Seu lado negativo aparece com a inquietação, falta de objetividade e incapacidade de administrar o dinheiro, embora possa ganhá-lo facilmente. As pessoas com excesso de fogo muitas vezes se frustram com a realidade material por não conseguirem se fixar em questões como a saúde, a segurança, a casa, o trabalho, etc. Além disso, podem tornar-se obsessivas e destrutivas, devorando e consumindo gente e experiências para manter acesa a própria chama. Elas tendem a se entediar com facilidade e a abandonar o que começaram sem haver terminado. É a excitação do início que as move.

O Fogo nos Sentimentos e nas Atitudes

Encontramos o Fogo na ação, na raiva, na ambição, na coragem, na alegria, na ativação, na autoridade, na guerra, nas batalhas, nas brigas, na destruição. Está presente na justiça, na

---

99. Angwin (1996).

fé, na honra, na cura, na liberdade, na influência, na inspiração, na vida, na luz, na magia. Na capacidade psíquica, na inteligência, na motivação, no propósito, na força de vontade, no espírito. Aparece também no amor, no sexo, na sensualidade, no estímulo, na intenção, no desejo e na luxúria.

O Fogo nos Seres da Natureza

Observamos que o elemento Fogo está presente em todos os reinos da natureza. Dessa forma, podemos classificar exemplos de representantes desse elemento nos mais diferentes lugares:

Ervas: Pimenta, arruda, canela, coentro, manjericão, cominho, carqueja, guiné, entre outras.

Pedras: rubi, pedra do sol, topázio, granada, citrino, ágata de fogo, ônix, diamante, pirita, turmalina vermelha, entre outras.

Ligas metálicas: aço, ferro, antimônio, ouro, latão, entre outras.

Árvores: urucum, pau-brasil, figueira, macieira, carvalho, romanzeira, castanheira, salgueiro, entre outras.

Animais: cavalo, leão, tigre, abelha, lagarto, cigarra, bode, entre outros.

Aves: águia, falcão, pavão, arara, garça, entre outros.

Seres Mágicos: dragão, fênix, salamandras.

Capítulo 3

Elemento Terra

A relação do homem com o elemento Terra confunde-se com sua própria evolução. Ela aparece desde a utilização das cavernas como abrigo até o uso de ferramentas de pedra manufaturadas pelo *Homo habilis* há 2,5 milhões de anos na era paleolítica. Nas artes, aparece nas pequenas esculturas em pedra, como a Vênus de Willendorf (datada de 22 mil anos a.C.) e nas pinturas rupestres, como as de Altamira e Lascaux (21 mil anos a.C.). Essa relação foi se intensificando até a invenção da agricultura no Médio Oriente em 10 mil anos a.C., quando o humano passa a ter a capacidade de manipular a terra, cultivando e produzindo seu alimento.

Simbologia da Terra

É importante salientar que a primeira manipulação do barro de que se tem notícia confunde-se com a criação da religião, ainda no Paleolítico e sua consolidação no Neolítico, em que as Vênus de barro ou pedra, muitas vezes, são encontradas nos sítios arqueológicos em uma posição central – enquanto os símbolos masculinos se situavam em posições periféricas –, indicando o culto à fertilidade feminina e uma possível Deusa-mãe associada à Terra.[100]

Aniela Jaffé em *O Homem e seus Símbolos*[101] diz que os povos primitivos atribuíam às pedras brutas o poder da "morada dos deuses". O poder expressivo como corporificação do divino na terra levou ao emprego delas em marcos, lápides ou objetos e monumentos de cunho religioso.

Em Gênesis 28:10-22, podemos observar a representação da terra sagrada e do poder divino das pedras:

> Partiu, pois, Jacó de Berseba, e foi a Harã;
>
> E chegou a um lugar onde passou a noite, porque já o sol era posto; e tomou uma das pedras daquele lugar, e a pôs por seu travesseiro, e deitou-se naquele lugar.
> E sonhou: e eis uma escada posta na terra, cujo topo tocava nos céus; e eis que os anjos de Deus subiam e desciam por ela;
> E eis que o Senhor estava em cima dela, e disse: Eu sou o Senhor Deus de Abraão teu pai, e o Deus de Isaque; esta terra, em que estás deitado, darei a ti e à tua descendência;
> E a tua descendência será como o pó da terra, e estender-se-á ao ocidente, e ao oriente, e ao norte, e ao sul, e em ti e na tua descendência serão benditas todas as famílias da terra.
> E eis que estou contigo, e te guardarei por onde quer que fores, e te farei tornar a esta terra; porque não te deixarei, até que haja cumprido o que te tenho falado.
> Acordando, pois, Jacó do seu sono, disse: Na verdade o Senhor está neste lugar; e eu não o sabia.
> E temeu, e disse: Quão terrível é este lugar! Este não é outro lugar senão a casa de Deus; e esta é a porta dos céus.
> Então levantou-se Jacó pela manhã de madrugada, e tomou a pedra que tinha posto por seu travesseiro, e a pôs por coluna, e derramou azeite em cima dela.
> E chamou o nome daquele lugar Betel; o nome porém daquela cidade antes era Luz.

---

100. Eisler (2001).
101. Ver Jung (2008).

> E Jacó fez um voto, dizendo: Se Deus for comigo, e me guardar nesta viagem que faço, e me der pão para comer, e vestes para vestir; E eu em paz tornar à casa de meu pai, o Senhor me será por Deus;
> E esta pedra que tenho posto por coluna será casa de Deus; e de tudo quanto me deres, certamente te darei o dízimo.

Plutarco,[102] falando sobre a fundação de Roma, diz que Rômulo importou os conhecimentos sacros e de lei dos arquitetos da Etrúria. Cavaram um buraco redondo na terra onde seria erguido o Congresso. Dentro dele, oferendaram representações simbólicas dos frutos da terra, bem como da terra trazida da terra natal de cada homem a fincar raízes na cidade. Esse buraco foi denominado "mundus", que na época era sinônimo de cosmos. Depois disso, com uma charrua puxada por um touro, desenhou os limites da cidade em um círculo. Onde seriam os quatro portões, a charrua era desmontada, carregada e remontada no outro lado da abertura. A cidade foi quadripartida por duas artérias principais, que iam de norte a sul e de leste a oeste, cujo centro era mundus, coberto por uma enorme pedra, a "pedra da alma". Mundus, o centro, rodeado pela representação do equilíbrio dos quatro elementos estabeleceria a relação da cidade e de seus habitantes com o mundo de seus deuses.

A mais antiga história da criação de que se tem notícia é dos sumérios da Mesopotâmia. Nammu, o oceano primordial, deu à luz o deus Sol, Na, e ao deus da terra, Ki. O filho deles, Enlil, o ar, por sua vez, engravidou Ki. Dessa união nasceu Enki, o deus da água e da sabedoria. Enki ordenou ao universo e sua irmã Nintu criou o homem, modelando-o a partir do barro.[103]

---
102. *Apud* Jafet, em Jung (2008).
103. Ellis (1995).

Na mitologia grega, segundo a *Teogonia* de Hesíodo, após a criação dos elementos a partir do caos,[104] Prometeu moldou o primeiro homem e a primeira mulher a partir do barro. Diz Junito Brandão,[105] versão esta não atestada por Hesíodo, que Prometeu, primo de Zeus e benfeitor da humanidade, fez o homem à imagem e semelhança de Deus a partir do limo da terra. Após Prometeu ter roubado a centelha de fogo e a ter doado, Zeus, como punição aos homens, ordenou ao filho de Hefesto que modelasse uma mulher ideal, cujas características fossem semelhantes às deusas. Assim criou Pandora, modelada a partir de argila e animada por Hefesto.

> [...] que, para torná-la irresistível, teve a cooperação preciosa de todos os imortais. Atena ensinou-lhe a arte da tecelagem, adornou-a com a mais bela indumentária e ofereceu-lhe seu próprio cinto; Afrodite deu-lhe a beleza e insuflou-lhe o desejo indomável que atormenta os membros e os sentidos; Hermes, o Mensageiro, encheu-lhe o coração de artimanhas, imprudência, astúcia, ardis, fingimento e cinismo; as Graças divinas e a augusta Persuasão embelezaram-na com lindíssimos colares de ouro e as Horas coroaram-na de flores primaveris... Por fim, o Mensageiro dos deuses concedeu-lhe o dom da palavra e chamou-a Pandora, porque são todos os habitantes do Olimpo que, com este presente, "presenteiam" os homens com a desgraça!

Na Bíblia o homem também foi criado a partir desse elemento: "[...] e formou o Senhor Deus o homem do pó da terra [...], Gênesis 2:7 e ainda determinando a vida como uma passagem: "Com o suor do teu rosto comerás o teu pão, até que voltes ao solo, pois da terra foste formado; porque tu és pó e ao pó da terra retornarás!" (Gênesis 18:27).

---

104. Idem.
105. Brandão (1986, p. 117).

Vários são os povos a cultuar o elemento Terra por meio de divindades. Segundo Cumino,[106] Bona Dea é a divindade romana da terra e da fertilidade; Cibele, também romana, é a "grande mãe terra", cuja representação é uma mulher madura e de seios fartos coroada de flores e espigas de milho, vestida em uma túnica multicolorida. "O templo de Cibele em Roma existia onde atualmente se localiza a Basílica de São Pedro."[107]

Deméter é a deusa grega da fertilidade, das colheitas e da lavoura; Erce, a divindade eslava da terra; Zamyaz, divindade persa da terra; Mati Syra Zemlya, dos países eslavos; Maema, estoniana; Zeme, lituana; Xcanil, guatemalteca; Pachamama, inca; na Umbanda, Obá utiliza o elemento Terra como base para sustentar o reino vegetal.

Uma outra representação do elemento Terra se dá pelos seres elementais. Onde a pedra entra em contato com o metal, surgem seres elementais denominados gnomos, que de alguma forma sempre auxiliaram o homem na exploração das minas de metal nas profundezas do solo. Segundo Steiner, numerosas espécies deles são abrigadas pela terra.[108] Eles antigamente ensinavam aos homens como construírem as minas, como estavam depositadas as diferentes camadas de terra, como os veios estavam mais bem dispostos, etc. Sabiam como a terra deveria ser trabalhada.

Símbolos Associados ao Elemento Terra

As cavernas, representações do útero da terra que acolhe, nutre e protege dentre os primórdios da humanidade, têm sido usadas para rituais iniciáticos.[109] Como as cavernas, também as grutas, os porões, sepulcros (como as pirâmides) e as criptas.

---

106. Cumino (2008).
107. Cumino (2008. p. 2009).
108. Steiner (2013).
109. Debbio (2016).

O labirinto, segundo Debbio,[110] teria a mesma função religiosa das cavernas, entrar em um outro seria o mesmo que descer ao inferno. Junito Brandão[111] apregoa a grutas e cavernas importante função ritualística e religiosa. Descer à caverna e vivenciar experiências relacionadas aos primórdios do mundo, à origem, como a materialização de um regresso ao útero, de onde o indivíduo, após vivenciar a morte ritual, renasce iniciado. Para Platão, a caverna traduzia o caminho consciencial evolutivo do ser humano, onde caminhar rumo à verdade implica libertar-se das próprias sombras representadas pela profundeza e pela escuridão da caverna.

> Na tradição iniciática grega, a gruta é o mundo, este mundo, como o concebia Platão (*República* VII, 514, ab): uma caverna subterrânea, onde o ser humano está agrilhoado pelas pernas e pelo pescoço, sem possibilidade, até mesmo, de olhar para trás. A luz indireta que lá penetra provém do sol invisível, que, no entanto, indica o caminho que a psique deve seguir para reencontrar o bem e a verdade. Todos os espectros, que lá se movem, representam esse mundo, essa caverna de aparências de que a alma deverá se libertar, para poder recontemplar o mundo das Ideias, seu mundo de origem.[112]

A Ilha de Creta provou pelas escavações arqueológicas ser um lugar com muitos santuários, que serviam tanto como locais de culto e oferendas quanto como cemitérios. Esses locais eram geralmente grutas ou cavernas. Muitos dos mitos associados a esses cultos primitivos foram integrados à mitologia e à religião gregas. O labirinto carrega a mesma simbologia da caverna. Os labirintos em Creta inicialmente deveriam ser cavernas profundas cavadas pelo homem com objetivos ritualísticos e iniciáticos.

---

110. Idem.
111. Brandão (1986, p. 55).
112. Brandão (1986, p. 54).

O labirinto mais famoso de Creta é o relacionado ao mito de Ariadne (filha do rei de Creta) e de seu amor por Teseu, que enfrentou o Minotauro em um labirinto e pôde retornar graças à ponta do novelo de lã que lhe foi presenteado por ela. Assim, figurativamente, Brandão associa o labirinto ao útero, Teseu ao feto e o fio de Ariadne ao cordão umbilical, que permite a Teseu o nascimento, sua saída para a luz.[113]

A mesma espécie de simbologia se vê na lenda do palácio do faraó Amenemhat III (1860-1814 a.C.). O palácio com cerca de três mil salas, todas ligadas por corredores em vários níveis, era a morada do deus Anúbis que utilizando um fio conduzia os faraós mortos ao deus supremo, não permitindo que sucumbissem aos perigos do abismo.[114]

Os cristãos importaram a ideia do labirinto, que adquire uma conotação moral. O mais antigo labirinto preservado é do ano de 324 e fica em El-Asnam, na Argélia (Basílica de São Reparato). Feito em mosaico, para ser seguido com o olhar, contém letras que, como em um jogo de palavras ocultas, quem lê deve encontrar a frase Sancta Mater Ecclesia (Santa Mãe Igreja).

Os labirintos também têm sido comparados a mandalas.[115] O mais famoso deles é o Labirinto da Catedral de Chartres, construído por volta de 1200 para ser percorrido a pé ou de joelhos. Trata-se de um labirinto circular, na forma de mandala, finalizado por uma "renda", como um limite desenhado entre o sagrado e o profano. Servia como uma espécie de peregrinação sagrada ao interior do eu, uma ferramenta de meditação e reflexão sobre os processos internos e de vida. Pintado no chão com cerca de 260 metros e 11 anéis (número associado à

---
113. Brandão (1986).
114. "The Ancient Egipt" Disponível em: . http://www.ancient-egypt.org/index.html data da consulta: 21/12/2019
115. Brandão (1986).

penitência do pecador), não importa o caminho que se tome ele sempre terminará no centro, denominado Paraíso.

O nosso corpo também é simbolicamente associado a esse elemento, como diz Bernardo:[116]

> Em seu aspecto simbólico, o elemento Terra nos remete ao nosso corpo e seus processos vitais, correspondendo à percepção que temos da realidade e nos oferecendo base e suporte para o crescimento. Seu simbolismo engloba a capacidade de escuta e reconhecimento das próprias necessidades, envolvendo também uma consciência dos limites.

As Qualidades da Terra

O elemento Terra é a representação do máximo de contração do magnetismo, o "Grande Yin", o mais compacto, negativo e feminino, cujo mote é concretizar, trazer à matéria, estruturar.[117] Interessante, pois, que a origem humana nas mitologias esteja associada a esse elemento.

Segundo Agrippa,[118] o elemento Terra é a base, a fundação de todos os elementos, pois é ela considerada "o objeto, sujeito e receptáculo de todos os raios e influências celestiais. É dela que brotam todas as coisas, pois frutificada pelos outros elementos e pelos céus, ela gera tudo em si".

A terra é seca, fria, com movimento descendente, contraída, ocultadora, formada por partículas de tudo o que existe.

No organismo de um ser humano é representada pelos minerais ali presentes e seus músculos. É o que dá estrutura de um corpo físico para que o espírito possa se manifestar na matéria.

---

116. Bernardo (2010, p. 103).
117. Debbio (2016).
118. Agrippa (2008).

O Elemento Terra no Temperamento

Na Antroposofia, o elemento Terra está associado ao temperamento melancólico. Fisicamente as pessoas desse temperamento possuem os olhos vagos e caídos, e olham o mundo com pouco interesse. Parece que a chama da vontade não está presente. Olhos melancólicos estão constantemente semicerrados e sem brilho. A testa em geral é de formação óssea densa na parte inferior e com grande quantidade de rugas no meio, o que denota o caráter introspectivo do elemento. O nariz também aponta para baixo.

Podemos destacar dois tipos de melancólicos, um mais preocupado consigo mesmo, dando a impressão de timidez ou medo, e o outro tipo demonstrando indolência, podendo aparentar preguiça ou egoísmo.

Possuem área bucal grave, pesada, lábios superiores finos e cantos da boca voltados para baixo, dando a impressão de dor ou choro. Com membros superiores longos e delicados, mãos com dedos longos, pernas e pés grosseiros, pés chatos, pernas em X. Ombros relaxados para a frente, postura em direção ao chão. Andar pesado e arrastado. É como se o corpo fosse denso e pesado, o que causa uma dor anímica aos melancólicos, podendo gerar depressão e tristeza.

A sensação de densificação em determinadas partes do organismo, gerada pela consciência da força da gravidade atuando sobre elas, no desequilíbrio, se manifesta em mineralizações, enrijecimentos como câimbras, reumatismos, metástases ósseas, dores de dente; processos cuja sensibilidade à dor desse temperamento gera ainda mais melancolia. O melancólico em desequilíbrio se perde na densidade do próprio corpo, destacando-se da espiritualidade. A cura do desequilíbrio virá por meio da luz e leveza que se trazem à corporalidade.

Chopin é um exemplo perfeito de temperamento melancólico, no qual podemos captar sua profunda tristeza na *Marcha Fúnebre* da sonata em si bemol, opus 35.

O Elemento Terra na Personalidade

Para Bernardo,[119] o elemento Terra corresponde à função sensação da teoria da personalidade de Jung. Essa função privilegia as informações oriundas dos nossos órgãos dos sentidos.

> [...] ligada à maturidade, ao Feminino, aos frutos, à capacidade de introspecção, de conexão com o santuário interior para aí encontrar as próprias respostas [...]. Os processos relativos à Terra são cíclicos, lentos mas seguros, pois estão enraizados em bases sólidas. A Terra trabalha em silêncio, gera seus filhos no útero escuro, da caverna, do abrigo, recolhendo-se em sua interioridade para daí expandir-se.[120]

Ramos[121] diz que a função sensação é irracional, que trabalha o que percebemos no momento presente.

Os indivíduos cuja personalidade reflete a presença do elemento Terra, ou o tipo sensação, são também classificados como introvertidos ou extrovertidos.

No tipo junguiano Sensação/Extroversão, os indivíduos são orientados à realidade objetiva que apreendem mediante percepções oriundas dos sentidos, o que os fazem focados no momento presente. A maneira de se relacionar é concreta, objetiva e prática, tendo facilidade em observar detalhes de fatos e descrevê-los de forma clara e objetiva. Costumam desenvolver boa memória. Possuem um sentido de realidade seguro, o que os torna adaptáveis às circunstâncias e terem a tendência a se sentir à vontade no mundo. Normalmente são indivíduos populares, com senso de humor desenvolvido, praticantes de esportes, com facilidade em

---
119. Bernardo (2012).
120. Bernardo (2010, p. 104).
121. Ramos (2008).

adquirir bens materiais e desfrutar a vida. Normalmente são apreciadores da beleza, do conforto e da harmonia, pois são sensórios. Conservadores, não gostam de mudanças. Bons executores, solucionadores de problemas, pragmáticos e originais, em geral têm habilidades com ferramentas. A principal dificuldade encontra-se com a função intuição, têm foco na tarefa e não na previsão e no planejamento. As profissões ligadas à essa tipologia de personalidade são: engenheiros, técnicos, relações públicas, profissionais de marketing, hotelaria, artistas, entre outros.[122]

Nas pessoas cujo tipo é Sensação/Introversão o foco está na impressão subjetiva que o objeto produz em si, psíquica e fisiologicamente, não na natureza do objeto em si. Constituindo o mais prático dos tipos introvertidos, são indivíduos com forte senso estético, detalhistas, sistemáticos, perfeccionistas, pacientes, fortemente adaptados a rotinas. Quase sempre são pessoas estáveis emocionalmente, muito previsíveis, que têm vida social ativa, mas reservadas no que tange à sua privacidade. Possuem grande força de realização e execução de trabalhos, concentrados e corajosos no que acreditam. Implantam ideias nos outros com facilidade, planejam mudanças e executam. Na via negativa são indivíduos imediatistas e de pouca imaginação que podem apresentar quadros de neurose obsessiva, neurastenia, hipocondria, entre outros.[123]

O Elemento Terra no Comportamento

O elemento Terra representa a maturidade, o fruto colhido, a ideia da concretização de conteúdos psíquicos, representa a tomada de consciência de aspectos interiores que precisamos dar forma, elaborar, compreender, encontrar novas possibilidades.[124]

---

122. Zacharias (2006); Sharp (1991); Myers e Myers (1980).
123. Idem.
124. Bernardo (2010).

A Terra pode ser modelável ou enrijecida tornando-se resistente às mudanças. As pessoas que têm o predomínio desse elemento se sentem mais à vontade diante do conhecido. São pragmáticas, organizadas e sabem lidar com a matéria em todas as suas formas.[125] Sensualistas, apreciam o corpo e todos os seus prazeres e apetites. Gostam de viver ao ar livre. Muitas dessas pessoas apreciam jardinagem, horticultura, fazendas, trabalho com a terra em geral.

Muitas vezes parecem ser pessoas inabaláveis, com os pés no chão, capazes de dar apoio a quem precisar. Suas qualidades são a solidez e a segurança, a robustez e a resistência. Sentem-se muito satisfeitas quando conseguem concluir o que planejaram, finalizando tudo nos mínimos detalhes. Seus atributos negativos são a obstinação, a rigidez, a inércia, a falta de imaginação, a resistência às mudanças e às novas ideias. Seu olho para os detalhes, muitas vezes, não lhes permite perceber as ligações e os sentidos por trás dos fatos.

A Terra nos Sentimentos e nas Atitudes

Encontramos a Terra na abundância, nos negócios, no conforto, no dinheiro, na estabilidade, na prosperidade, no sucesso, na riqueza, no bem-estar, na justiça, no apoio, na sabedoria. Também na família, no lar, na fertilidade, na gentileza, no aterramento, na proteção, na força de vontade, na cordialidade, na paciência, na sabedoria.

A Terra também está ligada às sensações corpóreas, ao sexo, à sensualidade, à sexualidade, aos relacionamentos, à renovação, à gravidez e ao parto, aos cuidados, aos sentidos. Re-

---

125. Angwin (1996).

lacionamos a Terra também com a magia, a cura, a bênção, aos feitiços, à energia, à morte.

A Terra nos Seres da Natureza

Ervas: confrei, sálvia, alecrim, verbena, pfáffia, sete-sangrias, entre outras.

Pedras: esmeralda, amazonita, hematita, jade, jaspe, turmalina negra, entre outras.

Ligas metálicas: chumbo, mercúrio, entre outras.

Árvores: cedro, sabugueiro, carvalho, oliveira, pinheiro, freixo, cipreste, entre outras.

Animais: tatu, tartaruga, búfalo, elefante, marmota, javali, cervo, corça, boi, cabra, gralha, urso, entre outros.

Aves: gralha, ganso, pardal, cisne, peru, pica-pau, entre outras.

Seres Mágicos: duendes, dríades, gnomos, dragão.

Capítulo 4

Elemento Ar

O Ar é um elemento intermediário, para Aristóteles considerado uma "mistura", com movimento expansivo de baixo para cima em direção ao elemento Fogo. As representações simbólicas das qualidades do Ar ocorrem em todas as culturas e mitologias.

É um elemento ligado ao Saber e ao Conhecimento que animam o propósito de vida humano. O Ar representa a Razão e a ele estão associados todos os símbolos, linguagens e códigos utilizados para descrever de maneira abstrata o mundo e o universo onde vivemos e suas leis.[126]

Há referências do sopro também como um influxo espiritual dos céus à Terra. A lenda de criação egípcia fala que Rá, o senhor sem limites, estava só e nada havia a não ser um oceano, Nun, onde o potencial de vida jazia inerte, fixo e insensível. Ele soprou e criou Shu, o Ar; com a saliva criou Tefnut, a umidade, e os lançou em Nun. Terra e céu são filhos de Shu e Tefnut.[127]

---

126. Debbio (2016).
127. Philip (2010).

Interessante lembrar, como vimos anteriormente, que para Agrippa o poder primário do elemento Ar é a umidade.[128]

Já na lenda de criação dos sumérios da Mesopotâmia, o elemento Ar é filho de céu e terra: Ellis, o ar, é a descendência do deus céu, An, e da deusa terra, Ki.[129]

Na mitologia nórdica[130] também, Odin é o deus pai de todos porque soprou a vida. Como em Gênesis[131] quando Deus sopra o nariz do homem e lhe dá a vida. Para os filósofos gregos o Ar também não era somente um gás, entrando e saindo de nossos corpos pela respiração, mas sim a morada da Alma.

Para Agrippa, o elemento Ar era também um Espírito Vital,[132] pois tem a capacidade de unir e preencher todas as coisas, dando a elas vida. Essa definição de longe é metafórica se pensarmos que a vida existe em nós a partir de nossa primeira respiração. É o ar que enche nossos pulmões, que permite a oxigenação de todos os nossos tecidos e células e por sua vez, o ar que dele sai carrega o substrato do que produzimos para fora.

Segundo ele ainda, os médicos judeus consideravam o ar uma cola que juntava todas as coisas, "o espírito ressonante do instrumento do mundo"[133] por trazer em si a capacidade de reter e comunicar a verdade de todos os corpos celestes aos demais elementos. Entra em todas as coisas, deixando nelas uma impressão, entrando nos homens igualmente, razão pela qual associou sua ação à capacidade humana de sonhar ou adivinhar o futuro.

Esse pensamento de Agrippa nos remete a uma passagem em que Jung[134] comenta sobre o rito praticado na Europa antiga de o

---

128. Agrippa (2016, p. 915).
129. Ellis (1995, p. 116).
130. Gaiman (2017, p. 33).
131. Gênesis (2: 7).
132. Agrippa (2016).
133. Agrippa (2016, p. 93).
134. Jung (2008, p.101).

filho aspirar o último suspiro do pai para receber dele a "alma paterna", como uma solução de continuidade. Sobre esse efeito mágico da ritualística conta ainda que em uma viagem à África presenciou o costume diário de um povo de reverência a Mungu. Ao saírem de suas cabanas, eles sopravam ou cuspiam nas mãos e as erguiam em direção ao sol nascente. Para ele simbolicamente significava o oferecimento de cada alma individual ao nascer do sol.

Na Bíblia de Jerusalém (1:2), cuja tradução é: "[...] e o sopro de Deus se movia sobre a face das águas", essa associação do elemento Ar com a Razão Divina também se expressa claramente. O elemento Ar como o Mental divino, fonte de todo o conhecimento que se move sobre a face das águas criando a luz, separando as polaridades e organizando o caos. Para o hinduísmo também, Vayu é o Verbo, o sopro cósmico que faz a intermediação entre céu e terra e, portanto, o soberano do domínio sutil. Para os antigos persas também se creditava ao vento a responsabilidade de ser o suporte do mundo, pois era o regulador do equilíbrio do cosmos e da moralidade.

Por todas essas questões, o elemento Ar constantemente figura como instrumento de força divina, animando, carregando mensagens, ensinamentos, coragem e também castigos.

Na mitologia grega, há uma controvérsia com relação à genealogia dos deuses associados a esse elemento. Apesar de na *Teogonia* de Hesíodo figurarem como apenas três (os filhos de Astreu e Eos, Bóreas, Zéfiro e Noto),[135] outras fontes relacionam quatro deuses para quatro ventos cardeais.

De toda forma, o vento figura como uma força elementar atribuída aos Titãs, nascidos da união de Urano (o céu) e Gaia (a Terra), que eram os ancestrais dos deuses gregos.

---

135. Brandão (1986, p. 158).

Éolo, na Odisseia descrito como o senhor dos Ventos,[136] seria o comandante dos oito ventos, quatro maiores e quatro menores, sendo os maiores:

Deus	Equivalente romano	Direção	Natureza
Bóreas	Aquilon	norte	fria e violenta
Noto	Auster	sul	calor
Euro	Vulturnus	leste	tormentas
Zéfiro	Favonius	oeste	brisa

Na antiga Pérsia, creditava-se ao vento a qualidade de suporte do mundo, o regulador e equilibrador dos aspectos morais e cósmicos. Na tradição islâmica, Deus ao criar o vento lhe deu inúmeras asas.

Vayu é a divindade hindu representante do vento, do ar e do prana.

Para os astecas, Quetzalcoatl, um de seus mais importantes deuses, era o senhor do Ar, abridor de caminhos para os demais deuses.[137]

Dentro da Umbanda Sagrada, as divindades eólicas são representadas por Ogum e Iansã no Trono da Lei. O seu feminino, representado por Iansã, direciona as pessoas ao caminho correto a ser seguido.[138] Seu ar é que sustenta o elemento Fogo, uma vez que ela é puro movimento. Iansã, segundo Saraceni, "é o ar que areja nosso emocional e nos proporciona um novo sentido da Vida e uma nova direção ou meio de vida".[139] O seu masculino, representado por Ogum, é "a ordenação divina e a

---
136. Brandão (1989, p. 304).
137. Philip (2010).
138. Cumino (2008).
139. Saraceni (2008, p. 227).

lei que rege a vida dos seres".[140] Abre os caminhos através do ar que está ali presente, em uma natureza impulsiva.

Paracelso cunhou como silfos os elementais relacionados ao ar. Silfos e no feminino sílfides figuram em mitologias como a céltica e a germânica. Sócrates em seu último discurso[141] descreve a existência de seres vivendo junto às nuvens. Steiner[142] diz que "eles atuam onde o animal e o vegetal se tocam". Para ele são os silfos que direcionam as abelhas às flores.

Símbolos Associados ao Elemento Ar

Por estar associado ao Mental Divino e trazer como atributos a razão e o conhecimento, o elemento Ar tem como símbolos toda forma de codificação ou linguagem com princípio ordenador que de alguma forma descreva o Universo, suas leis, funcionamento e processos. Nestes podemos incluir os alfabetos, as gramáticas e os grimórios.

A Espada está simbolicamente ligada às qualidades divinas da sabedoria e da razão. São muitos os mitos e lendas que utilizam essa simbologia, na mitologia africana, por exemplo, a fatoração divina da Lei, ambos orixás, Ogum e Iansã, carregam a espada na mão.[143] Às portas do Éden, um Querubim porta uma espada flamejante para impedir que os impuros lá adentrem.[144] Na lenda do rei Arthur, é sua pureza de caráter e comportamento ético que o tornarão apto a liberar a espada magicamente enterrada na pedra.[145] Igualmente, nas lendas

---

140. Saraceni (2008, p. 229).
141. Platão, *Fédon* – sobre a morte de Sócrates e seu último discurso.
142. Steiner (2013, p. 13).
143. Saraceni (2010).
144. Nichols (2007).
145. Seligmann (1997).

nórdicas, Sigmund se prova digno após desencravar a espada mágica de Odin da macieira sagrada Barnstokkr.[146]

No Tarô de Marselha, a espada surge como lembrete de que nunca mais poderemos voltar à ignorância e à inocência infantis, uma vez que saímos dela, como o cetro é um símbolo de domínio que sugere o desafio e a responsabilidade sobre o conhecimento adquirido. Representa ainda o sacrifício das ilusões, pois ela separa a verdade da mentira, a ilusão da realidade. Voltada para o céu é como um prumo que nos mantém fiéis às verdades do espírito.[147]

A balança, o outro lado da figura da Justiça, nos lembra da relatividade da experiência humana e da necessidade de trabalhar cada experiência e evento como únicos, buscando sempre o equilíbrio dos opostos. A Justiça é a mediadora das duas realidades, espírito e matéria.[148] Debbio[149] da mesma forma diz que Têmis, a deusa grega, carrega a balança como lembrete da necessidade de equilibrar razão e julgamento, e Maat no antigo Egito pesava os corações dos mortos para determinar seu destino.

O cajado, bem como o cetro, também sugere esse caráter integrativo, a necessidade de equilíbrio dos eixos opostos, *yin yang*, masculino e feminino, matéria e espírito.[150]

O sino dos ventos, ou Fürin, tem origem chinesa e também é um símbolo associado ao elemento Ar. Segundo o Feng Shui ele é capaz de afastar a negatividade e atrair a positividade para os ambientes, equilibrando as energias e trazendo paz. Normalmente nas residências é colocado na frente de uma janela ou porta, e nos quatro cantos de templos e santuários.

---

146. Debbio (2016).
147. Nichols (2012).
148. Idem.
149. Debbio (2016).
150. Bernardo (2010).

Os leques tradicionais japoneses também são uma tradição importada da China. Diz a tradição que um leque acompanha a vida do indivíduo, dos batismos (Shichigosan) ao casamento (troca de leques em vez de alianças) e até a morte. O leque é formado por duas partes, uma extremidade é circular e a outra uma haste, formato que se assemelha ao de objetos sagrados como o petinguá.[151] A haste simboliza o nascimento e as lâminas os vários caminhos possíveis que surgem ao longo de nossas vidas. Na Antiguidade, eram usados em cerimônias religiosas para afastar o mal.

Qualidades do Ar

O elemento Ar é a representação do início da expansão da eletricidade, o "pequeno yang", sutil, positivo, masculino, cujo mote é pensar, raciocinar. Representa ainda o Mental Divino, sua sabedoria e sua lei.

O ar é úmido, sem forma, ilimitado, em movimento ascendente, crescente, passivo, carregando a qualidade da susceptibilidade.[152]

Ele está em todas as coisas na terra e em tudo que é vivo, animais, vegetais, seres vivos, pois todos por ele são animados e sustentados. O ar, portanto, está na origem de todas elas.

O ar, no organismo de um ser humano, será a força que o anima e alimenta, a manifestação do espírito, o pensamento que o conduz.

O Elemento Ar no Temperamento

Na Antroposofia, o elemento Ar é representado pelo temperamento sanguíneo.

---

151. Petinguá – cachimbo (Schaden, 1974).
152. Agrippa (2016).

Fisicamente, pessoas com esse temperamento possuem olhos brilhantes, abertos, atentos e curiosos. Na expressão denotam certa tensão e a boca dá a sensação de que sempre vão falar algo. São muito receptivas às informações externas, pois seus sentidos parecem atuar como parte do sistema nervoso, razão pela qual sua atitude pode parecer nervosa.

Nesse temperamento, na fisionomia fica destacado o nariz, pois é pela respiração, leia-se, a entrada do ar e a saída dele, que são determinados o ritmo da vida e o da alma. Toda peça musical tem um movimento e um ritmo, o que pode ser comparado pelo elemento Ar à respiração. O elemento Ar é o meio por onde se manifestam o temperamento sanguíneo e a música. Diz a Antroposofia que a disposição musical de uma personalidade pode ser observada pela forma de seu nariz. Narizes expressivos são relacionados a bons musicistas.

Nos tipos sanguíneos se destacam dois tipos de narizes. O primeiro, longo e bastante desenvolvido, como o de Mozart, por exemplo e, narizes pequenos e arrebitados. Este último tipo, por apresentar um pequeno espaço de circulação do ar, não permite o tempo correto para a interiorização das informações, o que pode gerar comportamentos aéreos, superficiais, de desconexão.

Pessoas desse temperamento têm o andar leve e flutuante com sensação de dançar, peso na parte frontal dos pés, semblante risonho, com as bochechas pronunciadas e avermelhadas, personalidades dinâmicas. Algumas patologias são associadas a esse tipo de temperamento, tais como: problemas na tireoide, no sistema nervoso, demências, dificuldade de distinguir o mundo interior do exterior, etc.

O Elemento Ar na personalidade

Para Bernardo[153] e Angwin,[154] o elemento Ar diz respeito à função pensamento.

---
153. Bernardo (2012).
154. Angwin (1996).

[...] esse elemento corresponde ao pensamento e à racionalidade, ao reino dos sonhos e aos devaneios, às histórias que permeiam a nossa existência, representando o nosso potencial para criar imagens e atribuir significados para as experiências vividas.[155]

Essa função faz a discriminação e classificação das informações recebidas do mundo externo sob o crivo da razão e da lógica, avaliando de maneira objetiva todos os "prós" e "contras" da natureza dessas informações.[156]

Na tipologia junguiana, os indivíduos cuja função principal é Pensamento/Extroversão não se dão bem com conceitos abstratos e subjetivos, suas atitudes priorizam a orientação objetiva do pensamento. Refletem sobre as informações oriundas do mundo externo, sejam elas situações, pessoas, ideias, objetos, de maneira reflexiva e objetiva. A lógica, por sua vez, é cartesiana. Costumam ser analíticos, críticos e com um rígido código de ética e conduta que espelha para suas relações. Não gostam de desorganização, ineficiência, falta de planejamento, para tudo criam fórmulas e regras, metas e prazos. São extremamente disciplinados e disciplinadores, podendo virar verdadeiros tiranos. Por seu excesso de lógica, podem apresentar dificuldades em lidar com sua parte emocional, reconhecimento e expressão de seus afetos. Por serem objetivos, têm facilidade em perceber possibilidades objetivas futuras, ainda que não estejam materializadas no mundo real. Exemplos de profissões alinhadas com esse tipo psicológico são: engenheiros, economistas, advogados, inventores, administradores, sociólogos, etc.[157]

---

155. Bernardo (2010, p. 127).
156. Ramos (2008).
157. Zacharias (2006); Sharp (1991); Myers e Myers (1980).

O indivíduo do tipo Pensamento/Introversão é regido por uma lógica subjetiva, costuma ser dono de pensamentos abstratos e tem uma grande dificuldade em expressar suas emoções. Suas atitudes também serão orientadas pelo padrão de pensamento subjetivo, o que faz com que seja lógico, ainda que não necessariamente cartesiano, analítico e crítico, assumindo fórmulas e métodos às vezes não tão claros. Costuma apresentar-se independente do meio exterior, podendo até se isolar da realidade externa. Normalmente são pessoas calmas, reservadas, distantes, introspectivas, pouco elogiosas, críticas, curiosas, perseverantes, autocríticas a respeito de suas próprias ideias.[158]

O Elemento Ar no Comportamento

O elemento Ar corresponde à função do pensar, inspirando leveza e expansão para o alto; em termos psíquicos, diz respeito à capacidade de se distanciar da realidade concreta e refletir buscando significados para o que foi vivenciado.

As pessoas cujo comportamento reflete esse elemento se sentem mais à vontade usando o intelecto. Normalmente são lógicas, bem articuladas, cheias de ideias, cativantes. Costumam ter um forte senso de justiça e prezar muito sua liberdade.[159] O fato de pertencerem ao ar lhes dá leveza e mobilidade, além de uma suavidade que muitas vezes é cortante. Elas se deixam orientar pelos relacionamentos, sendo geralmente simpáticas. Suas principais características são a flexibilidade e a diplomacia. O pensamento abstrato é quase a sua segunda natureza. Na maioria das vezes possuem uma moral bem definida, sendo sua forma de abordar a vida baseada em ideais humanitários.

---

158. Idem.
159. Angwin (1996).

Entre as manifestações negativas, encontra-se um certo distanciamento dos próprios sentimentos e, por conseguinte, uma negação e até ignorância dos sentimentos dos outros. As pessoas de ar são dúbias, frias, desprendidas e analíticas. Elas tendem à inquietude e ao nervosismo, cansando-se rapidamente de pessoas e situações, estão sempre na busca de algo e geralmente insatisfeitas. A manifestação distorcida do ar é a paranoia.

O Ar nos Sentimentos e nas Atitudes

Encontramos o elemento Ar na cognição, no nosso sistema de linguagem e, portanto, na comunicação e negociação com o outro; na capacidade psíquica, na mente, na inteligência, na memória, nos pensamentos, na aprendizagem, na concentração e foco. Podemos encontrá-lo também na clarividência, na ligação com o Mental Divino e, portanto, correlacionado à sabedoria, às leis universais e seu cumprimento.

Os atos de benzer, abençoar, consagrar e curar estão relacionados também a esse elemento; bem como a inspiração associada à essa conexão. Liberdade, harmonia, imparcialidade e imaginação partilham desse mesmo aspecto.

O Ar nos Seres da Natureza

Ervas: trevo, mil-folhas, lavanda, artemísia, anis-estrelado, mirra, sândalo e hera.
Pedras: ametrina, angelita, aragonita, aventurina, crisoberilo, topázio azul, turmalina azul e sodalita.
Ligas metálicas: alumínio, mercúrio e estanho.
Árvores: bambu, olíbano, cedro, eucalipto, plátano, palmeira, pinheiro.
Animal: gazela.
Aves: albatroz, condor, águia, falcão, gavião e gaivota.
Seres Mágicos: esfinge, dragão, elfos, fadas.

Capítulo 5

Elemento Água

A Água é um elemento intermediário, para Aristóteles considerado uma "mistura", com movimento contrativo de cima para baixo em direção ao elemento Terra. As representações simbólicas das qualidades da Água ocorrem em todas as culturas e mitologias.

A Água é um elemento geracionista. A Biologia é a ciência que provou que a vida na Terra tem sua origem na existência de água. O ser humano se desenvolve na água durante nove meses de gestação e dela nasce.

No Velho Testamento (1:2) está escrito: "E a terra era sem forma e vazia; e havia trevas sobre a face do abismo; e o Espírito de Deus se movia sobre a face das águas". A Bíblia tem a água como um elemento preexistente, anterior à criação do mundo, assim como traz a mitologia suméria da Mesopotâmia em uma das primeiras histórias da criação de que se tem notícia. Nammu, o mar primordial, deu à luz o deus do céu e a deusa da terra, An e Ki.[160]

Essa condição também se expressa na mitologia egípcia. No mito de criação egípcio, o deus Atun parou em um monte nas

---
160. Ellis (1995, p. 116).

águas primais e criou partenogeneticamente os outros deuses, atribuindo-lhes partes do mundo a encarnar.[161]

A qualidade transitória do elemento Água também se expressa na mitologia de vários povos. Na mitologia celta, por exemplo, na batalha entre as forças de Danu, as águas dos céus, e o mal representado por Formorii, filho da deusa Dommu, o fundo do oceano, representante do mundo.[162] Simbolicamente, essa dualidade também se encontra expressa na Bíblia (6-7) quando Deus cria o firmamento, separando as águas "de cima" e as "águas de baixo". No Budismo é o rio da vida e da morte que une essas águas superiores e inferiores.

Há também uma correlação entre o elemento Água e as deusas mães primais da criação que deve ser observada. Aditi, a mais antiga das deusas do Hinduísmo, a Deva-Matri, mãe de todos os deuses, nomeia o rio mítico que é a fonte de todas as águas do mundo. O rio Gangues também foi nomeado a partir de Ganga, deusa mãe hindu, constituindo sua personificação. Por isso a imersão no rio está associada à remissão de pecados e à libertação dos ciclos encarnatórios. Assim também Danu, a deusa mãe celta, tem seu nome atribuído ao rio Danúbio, por onde expandiram sua cultura. Danu, a forma irlandesa que significa "fluindo com rapidez", tem correlação provável com Dana, do sânscrito, cujo significado é "as águas do céu". Danu é a deusa mãe que alimenta com as águas dos céus o carvalho, o símbolo masculino da fertilidade, e dá à luz Dagda, o deus bom, pai de todos os deuses.[163] Na mitologia grega, Zeus fecundou a grande mãe Dânae de seu filho Perseu por meio de uma chuva de ouro, como nos mistérios eleusinos, a chuva constituindo a união amorosa entre o céu e a terra, a chuva que vem

---

161. Idem.
162. Idem.
163. Idem.

e lava, por isso o céu é invocado primeiro e em seguida a terra é invocada a frutificar o que se tornou puro.[164]

Seguindo a mesma linha de raciocínio, nas lendas nórdicas, as águas do poço de Mímir alimentam tanto as cinzas quanto a Árvore do Mundo que liga o céu à terra. Mímir é o grande sábio e o que guarda a memória do mundo. As águas do poço contêm o conhecimento do passado e do futuro, sabedoria esta potável. Dizem que Odin trocou um de seus olhos pela sabedoria do poço e, desde então, foi chamado de deus cego.[165] Na primeira lenda da criação de que se tem notícia, dos sumérios da Mesopotâmia, a água também se associa à sabedoria. O fruto de Ki (deusa da terra) e An (deus do céu), Enlil, engravidou Ki e gerou Enki, deus da água e da sabedoria que ordena o Universo.[166]

A água nas suas polaridades é vista como fonte de vida e morte, cria e destrói. Das águas que criam às águas que destroem e limpam a terra dos excessos dos homens, ainda sobre o aspecto da transitoriedade do elemento, a maioria das mitologias fala do tema dilúvio universal.

O dilúvio bíblico (Gênesis, 7:1-24) fala do arrependimento de Deus em criar o homem por sua maldade. Poupa Noé e sua família, pedindo a ele que construísse uma arca e nela embarcasse a família e um casal de cada animal existente na Terra. Provocou então um dilúvio que destruiu tudo e todos, restando apenas os passageiros da arca.

As lendas indígenas de vários povos brasileiros também falam do dilúvio, como a história de tradição oral dos Kaingang, quando um elo da corrente da vida desaparece pela morte de todos os animais e da maioria dos seres vivos.[167]

---
164. Brandão (1989).
165. Gaiman (2017).
166. Ellis (1995, p. 116).
167. Boff (2014, p. 21).

Os Tembés (Pará e Maranhão), em uma lenda que ilustra lindamente a roda e o movimento dos quatro elementos, também falam do grande dilúvio. Este aconteceu após o incêndio universal que aniquilou toda a humanidade, à exceção de um menino e uma mulher grávida que haviam se escondido no bananal. Após o dilúvio, eles plantaram mandioca e a humanidade ressurgiu a partir do fruto do ventre da índia e do menino.[168]

Na mitologia suméria temos a deusa Namur, divindade mãe, deusa dos mares e criadora do céu e da terra; Belet e Ili, divindade do útero; Nanshe, também divindade mãe associada ao mar.[169]

Na mitologia grega figuram associados ao elemento Água o casal de Titãs, Tétis e Oceano, as primeiras divindades marinhas, filhos de Urano e Geia; Hera (grega) ou Juno (romana), divindades geracionistas associadas ao parto e aos casamentos; as nereidas, divindades marinhas gregas que cavalgavam monstros marinhos, filhas de Nereu e Dóris (a denominada oceânide).[170]

Outras culturas também possuem divindades geracionistas associadas a mares e oceanos: na mitologia celta, Moruadh; e na mitologia assíria, Derketo, ambas sereias; na India, Mariamma, senhora do mar; para os caldeus, Marah, a mãe que vem do mar; na Escandinávia, Mari Ama; na Finlândia, Ilmatar; na Indonésia, Annawan, todas divindades marinhas.[171]

Na Umbanda, a tríade de mães associadas ao elemento água são: Iemanjá, a rainha do mar; Oxum, a senhora das cachoeiras; e Nanã Buruquê, a senhora das águas turvas.

Para Steiner, "no local onde a pedra toca a fonte, corporificam-se os seres ligados ao elemento Água, as ondinas."[172]

---

168. Baldus (1960).
169. Cumino (2008).
170. Idem.
171. Idem.
172. Steiner (2013, p. 13).

Tanto as águas doces como as salgadas têm a capacidade de manipular pensamentos e emoções humanas, e atuam no equilíbrio e purificação das águas e do corpo emocional das almas encarnadas.

Símbolos e Rituais do Elemento Água

> Quando um celta estava em dúvida a respeito de sua paternidade, colocava o recém-nascido sobre um escudo enorme e punha-o a flutuar nas águas de um rio. Se estas empurrassem o escudo para as margens, a paternidade era legítima, mas se a criança se afogasse, estava provado que a mulher praticara adultério, pelo que também ela estava condenada a morrer. Como os filhos nascem da "água", a arca simboliza o ventre materno, de sorte que o abandono nas águas representa diretamente o processo de nascimento ou de um "renascimento catártico".[173]

Trata-se das águas que lavam e guardam a memória da terra às águas que lavam o homem, seus pensamentos, suas atitudes e suas emoções, assim como as águas que ungem a cabeça do homem ao ser batizado. O ritual de batismo se expressa em várias culturas, simbolizando ritos de passagem.

A Taça e o Caldeirão também são símbolos relativos ao elemento Água e são muito utilizados em rituais de purificação.

Conchas, caracóis e peixes também carregam essa simbologia por terem sua origem no mar.

Qualidades da Água

O elemento Água é o início do processo descendente em direção ao polo magnético, o ponto mais concentrador do Torus. É o pequeno *yin*, negativo, feminino, adensado. A água é fria, fluida, sem forma definida, pois se adapta a todos os recipientes que

---

173. Rank (*apud* Brandão, 1987, p. 79).

a contêm, por isso está associada aos nossos sentimentos e ao gerenciamento deles.

No cérebro é a emoção, o sentir, que dispara o movimento químico para o armazenamento de memórias.[174] No cérebro sem emoção não há memória, ela é um conjunto de pulsos elétricos de sensações e sentimentos fixados a objetos e eventos.[175]

A água no organismo de um ser humano será a alegria de viver que o anima, nutre e alimenta.

O Elemento Água no Temperamento

Na Antroposofia, o elemento água está associado ao temperamento fleumático.

Esse temperamento, no físico, se expressa pelo formato redondo e expressões amáveis e bondosas. No rosto é comum a presença de queixo duplo e massa adiposa significativa. Os olhos parecem pequenos, as pálpebras parecem mais espessas, mas o olhar é amigável. É um temperamento moroso e pacato. O andar é pesado, como se o corpo estivesse intensamente afundando na terra. Os joelhos são inconsistentes, as pessoas caminham como se pisassem na água.

Esses indivíduos tendem a ser passivos, apesar de observadores. Atribui-se a eles a qualidade de satisfação, de alegria e o gosto por situações cômicas da vida. Normalmente dão grande importância a momentos associados à ingestão de alimentos e bebidas. Isso se dá, segundo Steiner, porque o corpo etérico, aquele que carrega a vida, também conhecido como corpo energético, o faz através da correta corrente dos humores. A

---

174. Izquierdo (2010).
175. Damásio (2015).

vitalidade tem origem neste processo. Para Glas, "A verdadeira vida necessita da ação dissolvente do líquido, do aquoso."[176]

Tendem a acumular gordura e são donos de uma certa lentidão e morosidade em processos metabólicos. É um temperamento que com os anos vai se acentuando.

Normalmente dão bons poetas e observadores da natureza. No desequilíbrio, esse temperamento pode levar a doenças associadas à obesidade, à falta de vontade de fazer e de pensar, criando verdadeiros aparvalhados.

O Elemento Água na Personalidade

O elemento Água, para Bernardo,[177] está associado à função sentimento.

> [...] como regamos as nossas sementes: como alimentamos o que queremos fortalecer em nossas vidas. A água, elemento associado a esse ponto da roda, nos ensina a ser flexíveis, contornar obstáculos, a cuidar com amor do que valorizamos, a desenvolver a empatia, a compaixão e também o amor-próprio.[178]

Essa função avalia a informação a partir da dimensão valorativa. O julgamento ocorre não pela lógica da razão, mas pela lógica dos valores pessoais do indivíduo constituídos ao longo de sua vida e de suas trocas com seu meio social. A função cria um juízo de valor para todas as coisas.[179]

O tipo junguiano Sentimento/Extroversão costuma guiar-se no mundo mediante o julgamento e sistema de valores que agregam a pessoas, ideias ou objetos. Estes, por sua vez, se formam a partir de sentimentos objetivamente orientados: agrado

---
176. Glas (1995, p. 29).
177. Bernardo (2012).
178. Bernardo (2010, p. 40).
179. Ramos (2008).

ou desagrado. Tende a permanecer fiel ao aprendizado que teve das regras sociais introjetadas desde a infância, mantendo uma relação adequada com o mundo, e ser de fácil adaptação quando inserido em um contexto de seu gosto. Como esses indivíduos veem o mundo por meio dos sentimentos, valorizam ideais, lealdade, cooperação e dedicação. Normalmente têm uma personalidade acolhedora, amigável, que valoriza e aprecia o contato com o outro, que gosta de conversar e, portanto, é uma personalidade cheia de amigos. Por valorizar a opinião do outro, esse tipo é sensível a elogios e críticas. Espera que os outros se comportem como ele e valorizem o que valoriza. Costuma ser crítico com aqueles que não têm a mesma conduta ou valores. Gosta da organização, da decisão, não necessariamente de empreendê-las. Normalmente seu ponto fraco é a função pensamento, o que faz com que tenda a trazer consigo conceitos de juízo sem fundamentação na razão, teimosias, ideias preconcebidas, preconceitos, etc. Tem dificuldade também em encarar realidades como são em detrimento de como as julga. Pode ainda parecer superficial e de baixa autoestima em ambientes que não se encaixe. Essa tipologia se manifesta em publicitários, modelos, arquitetos, decoradores, profissionais de moda e beleza, entre outros.[180]

O indivíduo de tipologia junguiana Sentimento/Introversão, ao contrário do anterior, tende a guiar seu juízo de valor por meio de sentimentos orientados de maneira subjetiva, ou seja, terá mais valor a impressão que teve do objeto (pessoa, coisa, situação ou ideia) do que o objeto em si. Sua dificuldade consiste no julgamento racional desses objetos. Seu comportamento será guiado por sua lei moral interna, independentemente das opiniões dos outros, aparentando sempre reserva e calma. Os sentimentos tendem a ser profundos e a harmonia valorizada.

---

180. Zacharias (2006); Sharp (1991); Myers e Myers (1980).

Apresenta forte senso de dever, obrigação e lealdade. A inflexibilidade surge quando seus valores são ameaçados, pois tende a protegê-los a qualquer preço. Explosões emocionais e crises de ansiedade podem ocorrer no desequilíbrio.[181]

O Elemento Água no Comportamento

A presença do elemento Água nos remete ao fluxo de nossa vida emocional e tem relação direta com nossa capacidade de criar e alimentar novos projetos em nossa vida. É um elemento que pede maleabilidade, flexibilidade, capacidade de contornar dificuldades e cuidado amoroso às coisas que valorizamos.

As pessoas de água se relacionam com o mundo por intermédio das emoções. Sua reação diante das situações costuma ser mais emocional e subjetiva que intelectual e objetiva. Seu maior dom é a empatia, por isso elas são muitas vezes atraídas por profissões em que possam cuidar dos outros e dedicar-se a eles. Como são pessoas que gostam de gente, os relacionamentos geralmente significam muito para elas.[182]

Muitas vezes sonhadores, os indivíduos tipo Água podem ser médiuns. Eles se inclinam mais a ser do que a fazer. Suas maiores qualidades são a fluidez, o amadurecimento, a suavidade e a reflexão.

Em seu aspecto negativo, essas pessoas podem ser instáveis, evasivas, dúbias, possessivas, manipuladoras e propensas ao martírio. Elas às vezes têm dificuldades em traduzir os sentimentos em palavras e na articulação verbal em geral. Seu maior desafio na vida tende a se concentrar nas áreas relacionadas ao ar/intelecto. Às vezes falta a seu raciocínio uma certa

---

181. Idem.
182. Angwin (1996).

originalidade, podendo suas opiniões frequentemente ser tomadas de empréstimos aos outros. A manifestação distorcida do elemento Água é a raiva.

A Água nos Sentimentos e nas Atitudes

Encontramos o elemento Água em atitudes como acolhimento e cuidado com o outro, empatia, amizade, receptividade, fluidez, adaptabilidade aos outros e ao meio, resiliência, compaixão, aceitação e inteligência emocional.

Na via negativa, pode estar associado à retenção de mágoas, manipulação emocional, ressentimentos, melancolia, tristeza, estresse e depressão.

Esses indivíduos trabalham bem com sonhos, emoções, energia, sensualidade, fertilidade e mudanças. Costumam ser pacientes, enérgicos e criativos no que tange ao relacionar-se com o outro.[183]

A Água nos Seres da Natureza

Ervas: babosa, bálsamo, beladona, junco e erva-doce.
Pedras: água-marinha, opala, quartzo rosa, topázio azul, turquesa, turmalina, pedra da lua, larimar e lápis-lazúli,
Ligas metálicas: cobre, mercúrio e prata.
Árvores: parreira, cerejeira, macieira, aveleira, salgueiro, magnólia, sabugueiro.
Animais: lontra, urso-polar, hipopótamo, baleia, castor, rã, sapo, crocodilo.
Aves: cegonha, cisne, pato, garça.
Seres Mágicos: sereias, tritões, nórnias.

---

183. Kynes (2016).

Capítulo 6

Astrologia/Influência dos Planetas e os Elementos

Os quatro elementos estão presentes e representados em todos os ciclos da natureza, os quais vêm sendo estudados de inúmeras maneiras. Desde o começo dos tempos, o ser humano olha para o céu em busca de orientações. Na Babilônia, na Arábia, Índia, China e Egito, os mapas do céu permitiam aos sacerdotes calcularem a época propícia para batalhas, casamentos reais, previsões de catástrofes, etc.

A Astrologia é das mais antigas ciências que se dedicam a esses estudos, porém, mais do que isso, é um sistema coerente de símbolos, desenvolvido a partir de um modelo cósmico, em que a ordem universal está manifestada no movimento do Sol, da Lua e dos planetas.

Esse modelo cósmico atua como um quadro de referência das leis universais a que tudo e todos que estão inseridos no planeta Terra estão sujeitos. Segundo Arroyo, o modelo cósmico é então efetuado a partir de princípios arquetípicos essenciais, pois contém em si o princípio ordenador.[184]

---
184. Arrioyo (2013).

Esse pensamento se afina com o de Dane Rudhyar,[185] que define a Astrologia como um sistema de interpretação da ordem da existência de cada ser humano contido na experiência de um todo, primeiramente social e depois do planeta, todos contidos dentro de sua ordem universal. Ele afirma que todo homem como ser natural é ligado a todos os ciclos da natureza, e que seu comportamento biológico e emocional também é influenciado por ela. A história pessoal de cada um é tecida individualmente, mas a trama é coletiva, pois o homem espelha o universo e está sujeito às leis dele.

Assim, a Astrologia sempre permeou todos os aspectos da vida no planeta: a prática médica, a agronomia, o cultivo das ervas, o aparecimento das doenças, das pragas, os fenômenos naturais, etc.

No tratado da *Tabula Esmeraldina*, ou *Tábua de Esmeralda*, obra alquímica atribuída a Hermes Trismegisto, essa questão é assim descrita: "Quod est inferius est sicut quod est superius, et quod est superius est sicut quod est inferius, ad perpetranda miracula rei unius...", cuja tradução é: "O que está embaixo é como o que está em cima e o que está em cima é como o que está embaixo, para realizar os milagres de uma única coisa...".[186] Em árabe, a tradução nos diz que: o Microcosmo foi moldado do Macrocosmo.

Proclo, em *De Sacrificio et Magias*[187] assim descreve:

> Assim, eles (os antigos sacerdotes) reconheciam as coisas supremas naquelas subordinadas, e as subordinadas nas supremas: nas regiões celestiais, propriedades terrenas subsistindo de uma maneira causal e celestial; e, na terra, propriedades celestiais, mas segundo uma condição terrena.

---

185. Rudhyar (1995).
186. Trismegistus (2005).
187. Proclo, De *Sacrifício et Magias*, extraído do fragmento preservado do texto escrito em Veneza no ano de 1497 já na tradução latina de Marsílio Ficino em Jamblichus (1968, p. 344).

Podemos dizer que carregamos o universo dentro de nós e o universo nos carrega. Com base nessa relação, Stephen Arroyo[188] defende a utilização da Astrologia como meio para aproximar o indivíduo de sua própria essência, de ajudá-lo no processo de autoconhecimento e ampliação de sua consciência. É uma ferramenta que o auxilia a entender suas potencialidades individuais de maneira a alcançar uma vida mais plena.

Em seu livro *The Secret of the Golden Flower*, Carl Jung, fazendo referência a esses princípios universais e aos arquétipos (que constituem base e ainda são agentes de motivação da vida psicológica tanto individual como coletiva, ficando sediados na psique humana e formam o inconsciente coletivo), diz: "A astrologia merece o reconhecimento da psicologia, sem restrições, porque a astrologia representa a soma de todo o conhecimento psicológico da Antiguidade".[189]

Em sua forma contemporânea, a Astrologia passou também a ser usada como uma ferramenta psicológica e terapêutica em que, por meio dos estudos dos movimentos dos planetas, podem-se identificar áreas de compatibilidade e de conflito na vida do indivíduo, indicar épocas favoráveis ou não para determinados eventos, influências positivas ou não em seu comportamento, em seu temperamento, etc.

Assim, o mapa natal, a principal ferramenta para propiciar este estudo, resgata o *Momentum* do indivíduo na sua primeira respiração, quando o espírito, na visão alquímica, passa a se manifestar no mundo, e esclarece para si sua verdadeira tarefa, seu propósito de alma. É como se ele, ao nascer, tivesse aberto os olhos, olhado para o céu, e da sua perspectiva, na Terra, visse os planetas se moverem à sua volta.

---

188. Arroyo (2011).
189. Jung e Wilhelm (2010, p. 7).

O Mapa Natal

O mapa natal foi criado a partir da observação do cosmos e de seus movimentos pelo homem. O caminho celestial do Sol, conhecido como Zodíaco, representa também para muitos a jornada da alma pela experiência humana, desde a concepção até à velhice.

Na dualidade, inerente ao nosso planeta, o Sol, de polaridade masculina, representa o poder criativo do espírito, e a Lua a receptividade e a concepção dessas energias.

Para a Astrologia, a Lua Nova é o período em que a natureza é impregnada pelo espírito e, portanto, é uma Lua considerada pelos antigos de fecundação espiritual, datando início de novos processos.[190] Assim, o ciclo da Lua determina 12 períodos de Lua Nova encerrados em um ciclo solar completo.

Nesses 12 encontros entre Lua Nova e Sol, o Sol fecunda a natureza com suas necessidades ativando-a e, por consequência, todos os organismos receptivos que habitam a Terra.

Para cada ser humano, na hora de sua primeira respiração, quando começa a trocar energia com o universo, são dados 12 campos de experiência pessoal; no mapa, representados pelas 12 casas astrológicas em um círculo que por sua vez simboliza o tempo mítico; 12 dons, representados pelos signos zodiacais e o caminho a seguir representado pelos planetas.[191]

As casas astrológicas representam os temas de nossa vida a serem vivenciados. Elas são regidas por um signo específico que impulsiona o movimento da alma por meio dessa jornada. Assim, a alma avança pelas casas partindo do ascendente, um senso inicial de si mesmo como individualidade, e vai caminhando por elas contraindo um corpo material. Segue expressando suas ideias, tendo contato com os outros por meio da família

---

190. Rudhyar (1991).
191. Idem.

de origem, sua infância; passa a desenvolver uma identidade criativa, trabalha, cria laços e relacionamentos, adquire o poder de transformar a partir de um mergulho em si mesma, luta pelos ideais, com responsabilidade, vai ao encontro de outros, ao coletivo, e retorna à sua origem espiritual, ao todo.

Existem vários métodos para se calcular essas casas no mapa. O sistema das casas iguais considera que cada casa ocupa um segmento de 30 graus no mapa (uma circunferência dividida em 12 partes iguais). No sistema de quadrantes, o Meio do Céu forma sempre a cúspide da décima casa, fazendo com que a divisão dessa circunferência crie casas de tamanhos diferentes, podendo incluir até três signos.

O signo que está na entrada da casa é o mais significativo, trazendo o desafio que a pessoa terá naquela área de sua vida; e o tamanho da casa indicará sua importância nesta vida.

Cada casa é relacionada a um elemento (elemento Fogo: casas 1, 5 e 9; elemento Terra: casas 2, 6 e 10; elemento Ar: casas 3, 7 e 11; elemento Água: casas 4, 8 e 12) e a um signo específico.

Cada experiência é vivida dentro do processo de dualidade inerente a este nosso planeta; todas as casas trabalham suas polaridades próprias e cada indivíduo as viverá por intermédio de suas escolhas. Cumprir as etapas significa evolução. Dependendo dos progressos: evolução, a ponto de mudarmos o nível de nossas atividades, mudar o nível consciencial, o padrão emocional e mental, enfim, transcender.[192]

Segundo Hall,[193] na viagem da alma, Áries recebe o espírito em sua encarnação e lhe oferece um Eu, a consciência de si mesmo; Touro lhe concede um corpo físico; Gêmeos a condição de essa alma se expressar, e assim sucessivamente até a sua chegada a Peixes, em que seu desejo é se fundir à unidade

---

192. Idem.
193. Hall (2008).

de onde partiu, desligando-se do ciclo terreno e voltando ao mundo espiritual.

Cada signo presente no mapa, representando um arquétipo, que traduz um padrão de comportamento, está associado também a um elemento. Arroyo determina que cada elemento representa um tipo de padrão vibratório e uma consciência, os quais se entrelaçam e se combinam na formação da matéria, e que somente a vida é capaz de mantê-los unidos.[194] Eles têm relação direta com os planetas, com os signos e consequentemente com as casas com as quais se relacionam.[195]

Cada um dos quatro elementos se expressa em três tipos de padrão vibratório, formando os 12 campos de experiência ou 12 padrões primários de energia, que são representados pelos signos da seguinte maneira:

Elemento Fogo: Áries, Leão e Sagitário.
Elemento Terra: Touro, Virgem e Capricórnio.
Elemento Ar: Gêmeos, Libra e Aquário.
Elemento Água: Câncer, Escorpião e Peixes.

Também a cada elemento está relacionado um signo Cardeal (força centrífuga que irradia e dá início e movimento a uma ação com foco determinado, como: Áries – Fogo, Câncer – Água, Libra – Ar e Capricórnio – Terra), um Fixo (energia centrípeta que traz estabilidade e consistência, como: Touro – Terra, Leão – Fogo, Escorpião – Água e Aquário – Ar) e um Mutável (energia de padrão espiralado finalizando os processos, trazendo harmonia, versatilidade e capacidade de transformação, como: Gêmeos – Ar, Virgem – Terra, Sagitário – Fogo e Peixes –Água).

---
194. Arroyo (2004).
195. Idem (2008).

Assim, a posição do Sol no céu na hora do nascimento irá determinar sua relação com os elementos por meio do signo e da casa em que ele estiver pulsando.

Agrippa, em seu tratado alquímico, cita:

> Também entre os signos há alguns de fogo, outros de terra, ar e água: os elementos os governam como nos céus, distribuindo entre eles estas quatro manifestações triplas de cada elemento, começo, meio e fim. Assim, Áries possui o começo do Fogo, Leão, o progresso e aumento, e Sagitário o fim. Touro possui o começo da terra, Virgem o progresso e Capricórnio o fim. Gêmeos tem o começo do ar, Libra o progresso e Aquário o fim. Câncer tem o começo da água, Escorpião o meio, Peixes o fim. Das misturas, portanto, destes planetas e signos, juntamente com os elementos, todos os corpos são feitos.[196]

Para Arroyo,[197] a posição do Sol no mapa natal determinará em que tipo de experiência o indivíduo está retirando sua força vital e enraizando sua consciência; como irá ler e perceber como real o mundo externo que o cerca e como utiliza seus recursos e foca sua energia dentro dele. Em termos práticos, a posição do Sol no mapa natal nos indica a maneira pela qual o indivíduo percebe a vida, qual tipo de expectativa gera a partir de suas experiências pessoais e como se autoexpressará. Em nossa viagem da alma, ele indica em que momento de amadurecimento o espírito se encontra.

Rudhyar diz que a época do nascimento determina os 12 tipos de características de respostas orgânicas ao poder unitário da vida que aquele indivíduo terá, seus dons que virão para equilibrar essas respostas orgânicas, suas virtudes curativas e o caminho para o equilíbrio.[198]

---

196. Agrippa (2008, p. 103).
197. Arroyo (2008, p. 156).
198. Rudhyar (1991).

A Astrologia, portanto, é uma linguagem compreensível das forças e dos princípios energéticos que atuam no universo. Segundo Judy Hall[199]

> A energia dos planetas é filtrada pelos quatro elementos. Cada elemento está relacionado a uma determinada função do eu: a terra ao corpo e à matéria; a água às emoções; o ar à mente e ao intelecto; o fogo ao espírito e à intuição. A disposição dos planetas dentro do mapa revela a afinidade da pessoa com cada um destes domínios da experiência.

Isso em termos práticos significa que cada pessoa irá perceber o mundo de acordo com seus filtros, que estarão em consonância com seu campo vibratório refletido no seu temperamento.

Essa condição pode ser explicada pela ênfase ou deficiência da força dos elementos sobre o indivíduo espelhadas no mapa natal. Ter muitos planetas ou aspectos em um determinado elemento poderá criar uma exaltação desse no indivíduo, assim como a falta de planetas ou aspectos em um elemento pode gerar deficiência desse elemento.

O Fogo, segundo a Astrologia, é o início de todos os processos, é o elemento da criação de novas possibilidades, do começo, do mover, da transmutação e regeneração de estados presentes, é o elemento que rege a intuição e permite nova compreensão e processos rápidos de pensamento. Em excesso pode gerar indivíduos furiosos, explosivos, violentos ou que iniciam vários processos sem terminá-los chegando à exaustão. A falta de fogo pode, por sua vez, gerar baixa resistência, falta de coragem e ação, além de baixa energia.

O elemento Terra é associado à matéria, ao corpo físico, aos sentidos e à sobrevivência, à solidez e à segurança. Hall[200] assim descreve: "[...] é o elemento que extrai a forma do caos moldando

---
199. Hall (2008, p. 124).
200. Hall (2008, p. 130).

a matéria". O equilíbrio do elemento traz tolerância, eficiente realização e um sistema de valores pessoais sólido. Com relação aos desequilíbrios, ambos, falta e excesso, levarão à toxidade do corpo e a uma necessidade de limpeza. O excesso de terra pode gerar letargia, inflexibilidade, rigidez e resistência a mudanças. Sua falta pode gerar instabilidade emocional, comportamento irracional, dispersão e visão muito curta da realidade externa.

O elemento Ar é expansivo e associado à comunicação, ao pensamento e a ideias e ideais, intuição e compreensão ampliada da vida. Estando em equilíbrio, esse elemento leva a pensamentos inovadores, equilíbrio entre razão e intuição, comunicação clara e fluida. Com relação aos desequilíbrios, em excesso pode gerar inquietação, ansiedade, distanciamento da realidade, instabilidade mental; sua falta pode gerar introversão, letargia, dificuldade de raciocínio e compreensão, irracionalidade.

O elemento Água, associado aos sentimentos e à sensibilidade, é um elemento introspectivo que promove a viagem ao interior individual. Indivíduos cujo elemento predominante é água tendem a enxergar o mundo pela lente de suas emoções interiores. Em equilíbrio gera empatia, suavidade, adaptabilidade e fluidez emocional. Em desequilíbrio pode gerar indivíduos manipuladores e chantagistas emocionais. Seu excesso causa apreensão, medos, proteção em demaissia, autoindulgência e sua falta gera rigidez emocional, indiferença e dificuldade de relacionamento.

Segundo Hall,[201] a combinação dos elementos determina a maneira pela qual o indivíduo abordará o mundo. Assim, combinações como:

Fogo e Terra: podem gerar resistência no indivíduo, pois Terra restringe a expansão do elemento Fogo, inibindo a ação.

---
201. Hall (2013, p. 127).

Fogo e Ar: como o Ar alimenta a expansão do elemento Fogo, esse indivíduo pode tender a reações explosivas e exaustão mental, ficando mais no mundo das ideias do que na materialização delas.

Fogo e Água: essa combinação pode gerar excesso de emotividade no indivíduo; se em equilíbrio, pode gerar intuição e criatividade.

Terra e Ar: combinação de opostos, pois os processos de Terra são muito lentos e contrários à expansão do elemento Ar; em desequilíbrio, pode um anular a ação do outro. Em equilíbrio, pode gerar no indivíduo pensamentos produtivos enraizados em atitudes e comportamentos.

Ar e Água: nas palavras de Hall, é uma combinação que "põe sentimentos em palavras."[202] São indivíduos que tendem a ficar apenas no mundo da imaginação, as ideias fluem, mas não são convertidas em ação.

Terra e Água: o elemento Terra tende a trazer restrições ao fluir de sentimentos do elemento Água; sendo assim, em desequilíbrio, indivíduos com esta combinação podem apresentar comportamento rígido e embotado; já em equilíbrio, podem apresentar comportamentos produtivos.

Os estudos de Bernardo[203] acerca da teoria da personalidade de Jung também têm consonância com as ideias de Hall. Como já citamos, as quatro funções, ou os quatro potenciais, representam a maneira como a psique funciona. As funções intermediárias Sensação (Terra) e Intuição (Fogo) falam de como aprendemos o mundo, e as funções Pensamento (Ar) e Sentimento (Água) descrevem as formas pelas quais avaliamos e ordenamos as experiências vividas. Todos nós nascemos com

---

202. Idem.
203. Bernardo (2012).

o potencial para desenvolver todas as funções, mas, individual e espontaneamente, destacamos uma função, que denominou principal. Seu oposto ficará enraizado no inconsciente, no oculto, como a principal "dificuldade", e as duas outras funções atuarão como auxiliares da principal.[204]

A Lua, segundo Pelletier, é o lado inconsciente da personalidade, o conjunto de hábitos e instintos. Está constantemente em mudança, de acordo com os estímulos externos e sua passagem pelos diferentes elementos. Segundo ele, "a Lua é o instinto coletivo que encontra segurança na multidão". Ela rege o passado e a nostalgia associada a ele, e, portanto, está propensa a seguir a tradição. É a infância, a necessidade de sentir-se amado e querido, e por isso representa uma segurança emocional. Ela atrai o indivíduo que quer chamar atenção e as pessoas que necessitam de proteção. A Lua representa também o amor maternal, a ligação com a mãe, cobrando uma propriedade afetiva para satisfazer uma insegurança emocional.

A relação da Lua com os quatro elementos é muito íntima, fazendo uma ligação direta com as suas quatro fases e as características que ela absorve de cada elemento.

Assim, temos a Lua Nova, como representante do elemento Fogo. Ela ocorre quando o "Sol e a Lua estão em conjunção", "no mesmo signo" e "em graus exatos ou muito próximos."[205] Considera-se esse um ponto de partida, uma vez que Sol e Lua estão unidos; da mesma forma, nosso masculino e feminino também estão aí representados, nos quais todas as potencialidades se unem e todas as possibilidades estão presentes. É considerada uma Lua propícia para início de projetos, de romances, de novos começos em todas as áreas de nossa vida.

---

204. Nichols (2007).
205. Mattos (2020).

A Lua Crescente ocorre quando o Sol e a Lua estão em quadratura, ou seja, em signos que se encontram a 90 graus de distância entre si, trazendo desarmonia de qualidades. Márcia Mattos[206] diz que a Lua Crescente tem um aspecto de crise e resistência, ou seja, tudo o que estivermos pretendendo fazer passará por um teste e precisará ser defendido, sustentado e direcionado com firmeza. É a Lua representante do elemento Terra, em que o grande desafio é o de concretizar o que antes era apenas uma ideia ou um desejo.

A Lua Cheia acontece quando o "Sol e a Lua estão em signos opostos, ou seja, encontram-se em oposição, a 180 graus de distância". É a representante do elemento Água, uma vez que o magnetismo da Lua Cheia influencia os níveis de água em nosso corpo e no planeta, elevando-os. Como o elemento Água representa as emoções em nosso corpo, as reações emocionais e afetivas estarão mais intensas e sujeitas a desequilíbrios. Podem-se também esperar mudanças de tempo, antecipação e aumento de nascimentos, e elevação das marés, devido ao aumento da força gravitacional. A Lua Cheia é um transbordamento, revela o máximo de qualquer situação.[207]

A Lua Minguante representa "a menor força de atração gravitacional da Lua sobre a Terra,"[208] pois a luz refletida pela Lua começa a diminuir. Está associada ao elemento Ar.

Sugere um período de recolhimento, interiorização, quando devemos examinar como nos sentimos em relação ao sucesso ou ao fracasso vivenciados na Lua Cheia, o que não serve mais para nossa vida, fazer mudanças e reajustes para novas possibilidades, nos livrarmos de padrões, pessoas ou atividades que não nos representam mais, etc. É a Lua da entrega, da aceitação, de não fazermos resistência ou gastarmos nossa energia já minguada...

---

206. Idem.
207. Idem.
208. Idem.

Demais Planetas

Os planetas representam princípios ativos de energia presentes no sistema solar que, no ser humano, se traduzirão por motivações, impulsos ou necessidades. Para Arroyo eles são formadores do caráter, e a maneira como o indivíduo se expressará estará diretamente associada a eles.[209] Assim, teremos:

Mercúrio – planeta associado à inteligência, a raciocínio, memória, comunicação e movimento. Aspectado no elemento Água, acentua a intuição e a comunicação emotiva do indivíduo. No elemento Terra traz praticidade e pés no chão. No elemento Fogo traz espontaneidade e extroversão e, no elemento Ar, traz agilidade e clareza mental e de discurso.

Vênus – trabalha o poder de sedução do indivíduo, fala de relacionamento com os outros e consigo mesmo, de autoestima, da necessidade de ter um bom relacionamento consigo para poder ter com os outros. No elemento Fogo, trará a impulsividade, os grandes gestos, as grandes paixões e o erotismo. No elemento Água, Vênus trará a necessidade do envolvimento e satisfação emocionais. No elemento Terra, há a necessidade de fixação desses relacionamentos, torná-los tangíveis, itens como fidelidade, possessividade e ciúmes são oriundos dessas características. No elemento Ar, Vênus representará um distanciamento e a necessidade de liberdade emocional, a racionalização e comportamentos voláteis.

Marte – esse planeta descreve a maneira como o indivíduo tentará conquistar o que deseja. No elemento Fogo, usará de iniciativa e força, muitas vezes também com agressividade;

---

209. Arroyo (2008, p. 126): "Os planetas posicionados no signos atuam, por assim dizer, como estímulos primários nos campos de energia dos signos. Eles simbolizam os princípios universais que regulam todas as funções da energia em qualquer todo orgânico".

no elemento Ar, Marte trará persuasão e o bom discurso, mas também a pessoa pode se perder no excesso de planejamento; no elemento Terra, a eficiência, o aumento da força de vontade e a paciência; e no elemento Água, a persistência e a força emocional.

Júpiter – é o planeta da expansão e do impulso rumo aos seus ideais. Ele rege as religiões organizadas e os estudos superiores. É o planeta da fé, da moralidade, da justiça, da filosofia, de tudo o que expande a mente e o conhecimento. No elemento Fogo, ele vai trazer otimismo, ação para expansão, o indivíduo vai arriscar e lutar para conseguir seus objetivos; em Terra, traz ambição, expansão por meio da transposição de limites, sabedoria, produtividade mental e também a ganância; em Ar, expansão mediante novos conceitos, prazer, ajuda à humanidade, mas pode trazer também excentricidade e exageros; em água, compreensão, proteção, conhecimento no inconsciente, no oculto, traz imaginação, mas a tendência em se perder nas fantasias e na religião.

Saturno – aponta o caminho do dever e do destino. Ele dá forma, estrutura e cobra as responsabilidades assumidas, os carmas. Representa a lei e a ordem em todos os sentidos: pessoal, social, carmático, etc. Em Fogo, traz motivação e disciplina para seguir em frente, mas limita por rigidez a um sistema de crenças, etc.; em Terra, gera controle, cautela, crítica, medo de fracassar, rigidez; em Ar, discursos e pensamentos lentos, dificuldade em relacionamentos, solidão; em Água, depressão, ligação com o passado, emoções reprimidas, frustração e isolamento.

É importante salientar que os mapas astrológicos são sistemas fechados e perfeitos em si mesmos. São a representação da impressão energética do espírito quando se manifesta na matéria e dos desafios de sua estada aqui na Terra. E não é dada a nenhum ser humano tarefa maior a que possa cumprir.

Para cada dificuldade ou desafio proposto ao indivíduo para sua evolução, o mapa indica os caminhos e os recursos para a sua superação. Além de ser uma ferramenta de autoconhecimento, é ainda um mapa que desvenda a jornada de cada indivíduo e, portanto, é único e singular.[210]

O mapa natal nos traz uma série de informações a respeito do indivíduo, entre elas como se dá a atuação e a influência dos quatro elementos em sua vida. Isso nos permite determinar qual arquétipo e casa estão sendo ativados em cada *Momentum*; a combinação específica de seus elementos; as exaltações ou desequilíbrios destes; qual a influência desses elementos em seu temperamento, sua maneira de encarar o mundo, suas atitudes, sua forma de expressão; e também determinar, por meio das atividades terapêuticas, onde acessar o problema e qual o caminho para se alcançar a cura.

É uma ferramenta maravilhosa e completa que, associada a outros tipos de avaliação, pode trazer importantes e surpreendentes resultados para os tratamentos terapêuticos.

---

210. Arroyo (2011).

Jornada Lunar para a Ativação dos Quatro Elementos

Fixar é enrijecer, contrário ao movimento da vida. A questão então parece ser que, por nossa própria condição cultural, mental e até material, tendemos a crer que nossas qualidades sejam fixas.

Quando falamos da nossa personalidade, tendemos a repetir e fixar que somos dessa determinada forma, pensamos dessa determinada maneira, agimos desse determinado modo, e fixamos, assim, um padrão de recebimento de informações, processamento interno e comportamentos, engessando-os em um *modus operandi* único. Na Psicologia Analítica, Jung, ao desenvolver a teoria da personalidade, brilhantemente colocou a questão sistêmica e dinâmica, afirmando de modo explícito que o sistema individual é mutável. A pessoa está de uma determinada maneira hoje, mas pode escolher fixar-se nesse padrão ou se abrir a novas possibilidades, que surgem por meio da forma como passamos a integrar à nossa consciência as experiências vividas.

Devemos ter esta visão ampliada: de que somos seres cuja mente tem de estar em constante movimento consciente, sendo este o único transformador. Em termos práticos, isso significaria usar as ferramentas que nos são dadas como base para mudanças para gerar novas possibilidades. As nossas experiências anteriores e padrões fixados seriam como a tela para o pintor, um ponto de partida. Podemos viver automaticamente o que fixamos e acreditamos ser imutável ou abrir os olhos para novos caminhos.

Em nosso cérebro, essa questão se verifica quando novas cadeias neurais, advindas de processos de consciência, são capazes de mudar os caminhos neurais preexistentes e criar. Com isso, é possível observar a diversificação do uso de áreas cerebrais, bem como o aumento da massa encefálica.

Mediante o equilíbrio dos quatro elementos em nós, conseguimos produzir reações químicas, físicas e psíquicas equilibradas. Isso possibilita, por meio do nosso pensar, querer e fazer, a realização dos comandos do nosso espírito aqui na matéria. Esse processo se traduz na palavra Realização.

Dessa forma, com o objetivo de trazer essa realização do propósito de nossa alma para a nossa vida cotidiana, apresentaremos como sugestão uma caminhada consciente pelos quatro elementos, como meio de fortalecer e equilibrar essa sincronicidade com os elementos da natureza e, assim, facilitar a sua manifestação.

Com base nos Sete Passos para a Transformação Alquímica do Ser de Paracelsus, foram criados os Sete Procedimentos do Sistema Deuseluz de Integração do Ser com a Natureza,[211] no qual se apresentam as sete etapas de trabalho pessoal para se alcançar o equilíbrio e, consequentemente, saúde física, emocional, mental e espiritual.

A primeira etapa, o desvendar das sombras, nos faz olhar para questões manifestadas em nosso comportamento e que se encontram enraizadas em nosso inconsciente, como medos,

---

211. Mantovani e Cunha (2019).

traumas, raivas, dores, mágoas, apegos, etc. As escolhas conscientes nos são tiradas quando esse lado inconsciente e obscuro passa a determinar nossas atitudes de maneira automática e repetitiva. Como diria Chopra: "A obscuridade nos impede de expressar inteiramente o nosso eu, de falar nossa verdade e viver uma vida autêntica".[212]

A segunda etapa é a de separação do "puro e do impuro", que se traduz em uma grande desintoxicação. Ela se dá em quatro níveis. No nível físico, trabalha a alimentação e os hábitos que impactam nosso corpo negativamente. No emocional, vai limpar sentimentos e emoções nocivas, resgatando nossa autoestima e trazendo uma maturidade emocional. No mental, traz consciência do padrão dos nossos pensamentos e promove mudanças no nível da vibração. No espiritual, limpa possíveis influências externas em nosso campo energético e promove a elevação consciencial.

O terceiro passo é o de "busca do equilíbrio do organismo". Isso se dá detectando possíveis sintomas para, por meio de terapias naturais e mudanças de hábitos, tentar eliminá-los.

O quarto passo, "descobrir o caminho", vai buscar as causas desses possíveis sintomas, baseando-se nos princípios da psicossomática, da metafísica, da bioenergética, entre outros, procurando saná-las.

O quinto passo, "sutilizar as águas", trabalha diretamente o corpo emocional e todos os seus possíveis desequilíbrios. Atua nas emoções e nos sentimentos causadores de sintomas físicos, psíquicos e espirituais de toda ordem. Por meio desse passo, tendemos a entender melhor os gatilhos de nossas emoções impulsivas e autodestrutivas, trazendo um alívio para os transtornos gerados por elas.

O sexto passo, a "busca do equilíbrio mental", como o nome já diz, vai atuar na mente e na elaboração e criação de

---

212. Chopra e Williamson (2010, p. 5).

nossos pensamentos. O objetivo é trazer esse processo para um padrão vibratório mais elevado, tornando nossa mente criadora de oportunidades e realizações para a nossa vida.

O sétimo e último passo, "tornar perfeito o imperfeito", diz respeito ao corpo espiritual e a suas manifestações. Trabalha o padrão vibratório do indivíduo e suas relações com a espiritualidade e seu nível de consciência.

Utilizando esses passos como base para este trabalho, e fazendo sua ligação com o ciclo lunar e sua influência pelos elementos, apresentamos então uma jornada de 28 dias, na qual irão se trabalhar e ativar os quatro elementos no indivíduo.

Primeira Semana – Lua Nova – Elemento Fogo

Na fase da Lua Nova, segundo Mattos:[213]

> [...] o Sol e a Lua estão em conjunção, isto é, no mesmo Signo, em graus exatos ou muito próximos. A luz refletida pela Lua é a menor do que em qualquer outra fase do seu ciclo. Já a atração gravitacional da Lua sobre a Terra é a mais forte, e pode ser comparada apenas com a fase da Lua Cheia. Neste momento, a Lua nasce e se põe junto com o Sol e, ofuscada pela proximidade deste, fica invisível para quem a observa da Terra.

Há dois focos de atenção importantes nessa fase: o primeiro é sobre deixar para traz o que passou e, o segundo, é sobre novos inícios.

A Lua Nova é um ponto de partida onde deixamos para traz tudo que ficou no ciclo anterior e começamos a partir do novo, do momento presente. É nesse ponto que nos sentimos libertos e descarregados das pressões, oriundas dos temas do mês anterior. É o período ideal para limpeza, uma verdadeira faxina interior, para nos livrarmos daquilo que não queremos carregar para o novo ciclo, sejam questões emocionais, profissionais, pessoais,

---
213. Mattos (2020, p. 110).

amizades que não nos servem mais, atitudes e posturas que não nos cabem mais, etc.

Constitui um momento ideal para novos projetos, novos começos, iniciar novas fases da vida. Palavras e intenções proferidas ou pensadas nessa fase têm grande chance de realização, por isto é o período mais fértil para plantar o que queremos.

Esta jornada proposta deve iniciar-se sempre no primeiro dia da Lua Nova, a fase da Lua associada ao elemento Fogo, que para a Alquimia é o elemento que inicia e encerra todos os ciclos de transformação.

Dia 1 – Desvendar as Sombras no Elemento Fogo

No primeiro dia deste percurso, vamos iniciar a limpeza pelo elemento Fogo. Pela chama de uma vela nos conectaremos aos elementais e às poderosas forças ígneas relacionadas a esse elemento.

> O descarrego não se refere só ao que projetam contra nós mental ou magisticamente, mas pode ser usado para nos livrar do que atraímos com pensamentos de baixa qualidade. Quando estamos vibrando em nosso íntimo sentimentos negativos e nossos pensamentos tornam-se confusos, nosso magnetismo mental se negativa e baixamos nossas vibrações, imediatamente começamos a nos ligar por finíssimos cordões com espíritos desequilibrados, também vítimas dos seus sentimentos negativos.[214]

O fogo tem a capacidade de queimar materiais deletérios, miasmas, formas-pensamento, cordões energéticos negativados, entre outras coisas. Por meio da chama de uma vela, muitos portais de limpeza se abrem permitindo mudança de padrão na vibração da aura pessoal.

Para iniciar o ritual, vá para um local tranquilo onde possa permanecer por alguns minutos sem ser incomodado. Pegue uma vela branca, acenda-a e, observando a sua chama, se ligue mentalmente às forças ígneas da natureza. Peça que pela chama da vela você possa trabalhar em seu benefício, removendo todas as negatividades presentes no seu campo áurico.

---
214. Saraceni (2007, p. 16).

Depois eleve a vela acima da cabeça, no alto, procure estar com o braço esticado. Faça sete círculos no sentido anti-horário com ela. Esses círculos devem ser grandes e envolver todo o diâmetro de seu corpo.

A seguir leve a vela acima da cabeça e faça sete círculos no sentido anti-horário, pedindo que desligue toda e qualquer influência de seu campo espiritual limpando seu chacra coronário. Repita esse procedimento dos sete círculos em torno de seu corpo na altura de cada chacra. Para o chacra frontal, peça o desligamento das influências de seu campo mental; para o chacra laríngeo, peça o desligamento das influências no canal de sua expressão; para o chacra cardíaco, peça o desligamento das influências relacionadas ao seu campo emocional; para o chacra gástrico, peça o desligamento de todos os cordões energéticos ativados negativamente fortalecendo o eu e os limites; para o chacra esplênico, peça o desligamento das influências negativas relacionadas à sua sexualidade e desejos; e na altura do chacra básico, peça o desligamento das influências negativas relacionadas a seu trabalho e à sua prosperidade.

A seguir, coloque a vela em um local seguro para que ela possa queimar até o fim. Agradeça às forças da natureza invocadas para finalizar o procedimento.

Dia 2 – Separar o Puro do Impuro no Elemento Fogo

Desintoxicação é um termo de uso geral que descreve a remoção de toxinas, tanto do nosso organismo como dos nossos pensamentos, também de nossos hábitos diários não saudáveis.

Sugerimos nesse dia a abstenção de ingestão de bebidas alcóolicas, cigarros, alimentos gordurosos, etc. Da mesma forma, abster-se de locais barulhentos e coletivos de grande movimento, aparelhos eletrônicos, excesso de informação, seja pela internet, seja pela televisão ou redes sociais.

Procure fazer uma alimentação mais saudável, de preferência tirar algumas horas para ficar em silêncio consigo mesmo.

Sugerimos o preparo de suco desintoxicante para tomar ao longo do dia, com maçã-verde, limão, gengibre e salsa. Bata o suco de um limão fresco (de preferência orgânico), sete galhos de salsinha, 1 pedaço de gengibre fresco (ou uma colher de chá rasa de gengibre em pó) e uma maçã-verde com 300 ml de água filtrada ou mineral à temperatura ambiente. Faça uma receita pela manhã e uma à tarde/noite.

Gengibre – é uma raiz associada ao elemento Fogo que:

> [...] dinamiza as pessoas para a ação, dá iniciativa e ajuda a colocar os pés no chão. Ativa a energia nas pernas. Estimula a luta pelos ideais e a vencer os obstáculos para atingir os objetivos. Traz o guerreiro interno para a batalha contra os fantasmas internos. Indicada para tratar os estados depressivos e as situações de vícios como fuga da realidade.[215]

Limão – é uma fruta com grande poder alcalinizante e ajuda a ajustar o pH do organismo. Além disso, o suco de limão é rico em vitaminas e minerais que ajudam a expulsar toxinas do trato digestivo, pois é estimulante da produção de bílis pelo fígado. É, portanto, depurativo, diurético, estimulante do sistema imunológico, purificante da pele, ajudando na hidratação e na respiração.[216]

Maçã-Verde – é uma fruta rica em aminoácidos, vitaminas e minerais. Por ser rica na fibra pectina, ajuda na prevenção de doenças cardiovasculares, reduzindo o colesterol ruim (LDL) e aumentando o colesterol bom (HDL). Auxilia ainda a expulsão de toxinas, ativando o trato intestinal. Possui ainda quercetina, flavonoide que ajuda na proteção de vias aéreas superiores e do sistema respiratório, e na prevenção de câncer colorretal.

Salsa – é uma erva com propriedades desintoxicantes[217] que "atua como estimulante da sexualidade. Auxilia em casos de desânimo, apatia, renovando as energias. Indicada para pessoas que precisam de energia para retomar o prazer e a disposição para a vida".

---

215. Mantovani e Cunha (2019).
216. França *et al.* (2008).
217. Gonçalves, Santos e Morais (2015).

Dia 3 – Busca do Equilíbrio do Organismo no Elemento Fogo

Nosso corpo é reflexo de tudo aquilo que ingerimos, alimentação, pensamentos, etc.

Nesse dia propomos uma alimentação para estimular e equilibrar o elemento Fogo no organismo. Alguns alimentos e temperos devem ser incluídos no cardápio no dia de hoje:

Canela – a canela[218] é rica em antioxidantes como os polifenóis, constituindo um conservante natural de alimentos. Possui propriedades anti-inflamatórias, acelera o metabolismo, reduz o risco de doenças cardiovasculares, diminuindo os níveis de colesterol geral, do mau colesterol (LDL) e de triglicérides. Ela é boa coadjuvante no auxílio ao equilíbrio de quadros de diabetes, pois melhora a sensibilidade do organismo à insulina e diminui a quantidade de açúcar no sangue. Ajuda também na prevenção de doenças neurodegenerativas, como Alzheimer e Parkinson. Auxilia no combate de fungos, bactérias e infecções.

Coentro – é também uma erva de fogo.

> [...] é estimulante, revitalizadora, mineralizante. Ajuda a colocar o corpo em movimento e tira a pessoa da estagnação diante de mudanças. É também um grande desintoxicante. Indicada para pessoas que estão intoxicadas por todo tipo de agentes nocivos sejam físicos, mentais, emocionais, etc. É um poderoso regenerador do corpo emocional.[219]

Cominho – as sementes de cominho são um tempero rico em ferro, vitaminas, como a A e a E, minerais e fibra alimentar. Auxiliam na secreção de enzimas do pâncreas e de ácidos biliares do processo digestivo, facilitando a digestão e a absorção de nutrientes dos alimentos ingeridos. O cominho auxilia na melhoria da memória, em processos de estresse e insônia. Tem propriedade antimicrobianas, antisséptica e anti-inflamatória

---

218. Qin, Panickar e Anderson (2010).
219. Mantovani e Cunha (2019, p. 112).

ajudando a eliminação de toxinas do nosso corpo e na imunidade. Auxilia no combate à anemia e à osteoporose.[220]
Manjericão – essa erva

> [...] trabalha dificuldades sexuais, medo de sentir prazer, dificuldades de procriação e bloqueios na energia sexual. Indicada para pessoas com sobrecarga de responsabilidades, sensação de inadequação, desânimo. Pessoas que não se permitem sentir prazer, e precisam reconquistar suas potencialidades nesta área.[221]

Pimenta – tem propriedades estimulantes e

> [...] trabalha apatia, resignação, fadiga, insensibilidade emocional, rigidez nas expectativas. Indicada para pessoas que se encontram estagnadas, com medo de ousar e sem coragem para tomar decisões e fazer as mudanças necessárias.[222]

Dia 4 – Descobrir o Caminho no Elemento Fogo

Nesse dia ativaremos todo o campo energético por meio do elemento Fogo. Escolha um horário em que você possa estar desconectado e introspectivo durante algum tempo (pode ser pela manhã ou à noite), para podermos fazer uma visualização com a chama das velas.

Materiais necessários: velas (uma de cada colorida e duas brancas): branca, vermelha, laranja, amarela, verde, azul-clara, azul-índigo, violeta e branca.

Fixe as velas em uma linha reta na sequência exposta anteriormente. A seguir, acenda-as ainda nessa ordem. Sente-se em um local próximo a elas em uma posição confortável.

Olhando fixamente para a chama da vela branca, imagine sua vibração envolver todo o seu corpo, como se fosse uma bolha de luz. Dentro dessa bolha sinta-se inteiro, pleno, com ciência de todos os pensamentos, de tudo que está ao seu redor, e procure esvaziar a sua mente.

---

220. Al-Snafi (2016).
221. Mantovani e Cunha (2019, p. 117).
222. Mantovani e Cunha (2019).

Agora foque seus olhos nas chamas da vela vermelha e projete-a para a base da sua coluna. Sinta a sua irradiação. Imagine essa energia aquecendo e ativando essa região e responda para você mesmo: Como está a energia que me enraíza? Como lido com as questões ligadas a estabilidade e segurança, questões ligadas à minha sobrevivência? Como anda a minha vitalidade? Como andam as minhas finanças e como lido com o dinheiro? E minha vida profissional?

Mentalize tudo se resolvendo, essa energia fincando seus pés no chão, trazendo solução, força, vitalidade e amorosidade para essas questões. Fixe mentalmente essa energia equilibrando e iluminando todos esses temas.

Quando silenciar, foque os olhos nas chamas da vela laranja e projete essa energia para a região que fica quatro dedos abaixo de seu umbigo. Sinta a sua irradiação. Imagine essa energia aquecendo e ativando toda essa região e responda: Tenho tido prazer em viver? Em que momentos eu genuinamente sorrio com alegria? Que momentos crio no meu dia a dia que são preciosos? Tenho criado esses momentos? Momentos simples como deitar em uma rede, ouvir uma música, apreciar uma boa comida: tenho me permitido? Como lido com a energia criativa dentro de mim? Como estão meus projetos? Tenho criado projetos em minha vida? Como anda a minha sexualidade? Exerço com equilíbrio? Mentalize tudo se resolvendo, a energia laranja aquecendo essa região, trazendo solução, ação, vontade, prazer em viver, equilíbrio e amorosidade para essas questões. Fixe mentalmente essa energia equilibrando e iluminando tudo.

Quando silenciar, então, foque os olhos nas chamas da vela amarela e projete essa energia para a região que fica na altura de seu estômago. Sinta a sua irradiação, imagine essa energia aquecendo e ativando essa região e responda: Estou bem comigo mesmo? Como trabalho meus limites? Consigo falar não quando é preciso? Exerço esse não com equilíbrio? Como anda minha autoestima? Mentalize tudo se resolvendo, a energia amarela aquecendo seu estômago, trazendo proteção, calma, discernimento, equilíbrio e amorosidade para essas questões. Fixe mentalmente essa energia equilibrando e iluminando tudo.

Quando silenciar, então, foque os olhos nas chamas da vela verde e projete essa energia para a região que fica na altura de seu coração. Sinta a sua irradiação, imagine essa energia aquecendo e ativando essa região e responda: Como estão meus relacionamentos? Com a família, com amigos, com meus pares afetivos? Eu me relaciono? Tenho sentimentos de mágoa, raiva, guardados? Ressentimentos e tristezas? Estou aberto para o amor verdadeiro? Mentalize a amorosidade da energia verde envolvendo e aquecendo seu coração, trazendo calma, equilíbrio, paz interior e amorosidade para essas questões. Fixe mentalmente essa energia equilibrando e iluminando tudo.

Quando silenciar, então, foque os olhos nas chamas da vela azul-clara e projete essa energia para a região que fica na sua garganta. Sinta a sua irradiação, imagine essa energia aquecendo e ativando essa região e responda: Como me comunico com o mundo e com as outras pessoas? Eu consigo me expressar verdadeiramente? Eu falo o que realmente estou sentindo ou pensando? É uma fala equilibrada ou está carregada de raiva ou medo? Estou com questões mal resolvidas porque deixei de verbalizar? Mentalize a amorosidade da energia azul-clara envolvendo e aquecendo sua garganta, trazendo calma, equilíbrio, paz interior e amorosidade para essas questões. Fixe mentalmente essa energia equilibrando e iluminando tudo.

Quando silenciar, então, foque os olhos nas chamas da vela azul-índigo e projete essa energia para a sua testa. Sinta a sua irradiação. Imagine essa energia aquecendo e ativando essa região, esvaziando a cabeça, iluminando os olhos e responda: Eu enxergo verdadeiramente o outro ou todas as minhas expectativas projetadas? Quanto da realidade que eu vejo reflete o mundo interno e não o que realmente está lá? Consigo ser o observador das situações ou me envolvo emocionalmente em todas elas? Como andam os meus pensamentos? Consigo serenar a minha mente? Mentalize a amorosidade da energia azul-índigo envolvendo e aquecendo sua testa, trazendo calma, equilíbrio, paz interior, foco, atenção e amorosidade para essas questões. Fixe mentalmente essa energia equilibrando e iluminando tudo.

Quando silenciar, então, foque os olhos nas chamas da vela violeta e projete essa energia para o topo de sua cabeça. Sinta a sua irradiação. Imagine essa energia aquecendo e ativando essa região e responda: Com que tipo de energia estou conectado? Como está a minha fé? Quais são as minhas crenças? Sinto-me conectado com elas? Consigo me entregar verdadeiramente àquilo que acredito? Como trabalho a minha espiritualidade? Mentalize a amorosidade da energia violeta envolvendo e aquecendo o topo da sua cabeça, trazendo calma, equilíbrio, paz interior e amorosidade para essas questões. Fixe mentalmente essa energia equilibrando e iluminando tudo.

Por fim, foque a última vela e imagine o círculo de luz branca formado a partir da união de todas as cores invocadas envolvendo seu corpo. Introjete toda essa experiência vivida. Fique em paz por alguns minutos e, quando estiver pronto, abra os olhos e volte devagar. Contemple a plenitude desse momento.

Dia – Sutilizar as Águas no Elemento Fogo

Para o dia de hoje propomos uma automassagem com pedras quentes. Vamos trabalhar as energias do campo emocional por meio do elemento Fogo.

Em Arteterapia, utilizamos as pedras quando queremos trabalhar a quebra da rigidez emocional. O óleo ativa também questões relacionadas à função sentimento.[223]

Para o ritual, providencie sete pedras (seixos) roladas grandes de jardim, um óleo corporal de sua preferência e uma panela com água mineral ou filtrada.

---

223. Bernardo (2010).

Deposite as pedras na panela com a água. Elas devem ferver por sete minutos. Deixe a panela esfriar até o ponto em que as pedras estejam quentes, mas agradáveis ao toque da pele.

Sente-se confortavelmente e passe o óleo na região da sola dos pés, pegue duas pedras e pise sobre elas. Permaneça assim até que o calor se esvaia. Procure, durante esse período, movimentar os pés massageando-os contra as pedras.

Nossos pés sustentam todo o peso de nosso corpo e para a medicina chinesa são como nosso segundo coração. Estão estreitamente relacionados aos 12 meridianos de nossos principais órgãos, por isso sua saúde está estreitamente associada à saúde do corpo. Ao mesmo tempo, consideram-se os pés a área mais vulnerável de nosso corpo, com baixa resistência ao frio e à umidade.[224]

Recoloque as pedras na água quente e retire novas. Toda vez que as pedras esfriarem troque-as por outras quentes.

A seguir, em uma posição confortável (pode ser deitado ou sentado), coloque as pedras nas seguintes posições, uma por vez, seguindo o mesmo esquema anterior:

Atrás dos joelhos[225] – o joelho é uma articulação importante do corpo. Estar com esta articulação saudável implica movimento e flexibilidade interior, por isso está associada a humildade, aceitabilidade, concessões e ambição. A região dos joelhos sinaliza como nos relacionamos conosco, com os outros, se somos flexíveis, se somos abertos ou não para assumirmos as relações conosco e com os demais, e qual a nossa capacidade de adaptação frente a situações dessa natureza.

Na base de sua coluna e no baixo ventre[226] – a bacia é o que sustenta nosso corpo, é a base e fundamento dele. Nessa região ficam tanto nossos órgãos de reprodução como também os de eliminação. É um centro grande de força e energia, é onde fica o core (centro de força ligado aos músculos abdominais) do corpo e onde se abriga a energia vital (kundalini). As palavras-chaves

---

224. Maciocia (2017).
225. Dethlefsen e Dahlke (1992); Barreto (2012).
226. Dahlke (1992).

relacionadas a essa região são estrutura, força bélica, sensualidade e mobilidade.

Rins[227] – os rins no corpo são filtros. Na psicossomática estão associados à ideia do julgamento, pois separam o bom do ruim, filtrando nossos processos emocionais, mágoas, dores, medos. Assim, se relacionam como nossa capacidade de discernir e equilibrar eixos opostos, "forças ácidas" (masculino) e "forças básicas" (feminino). As palavras-chave associadas a eles são discernimento, medos, traumas, dificuldades com decisões.

Estômago – para a psicossomática, a digestão está diretamente ligada ao processo racional de digerir informações oriundas das situações que vivenciamos concretamente. Nossas impressões de mundo e a maneira como recebemos, suportamos e nos adaptamos ao que nos cerca influenciarão diretamente nosso sistema digestivo.[228]

Na região do coração[229] – o coração é considerado o centro de nosso corpo. O ritmo do coração está incluído na regra rígida do corpo no sentido da vida. Simbolicamente diz respeito a nosso emocional, trabalhando as polaridades, masculino e feminino. Distúrbios cardíacos podem sinalizar o não preparo para lidar com emoções, com nossa capacidade de escuta interna e amadurecimento para lidar com essas polaridades fazendo escolhas equilibradas. As palavras-chaves relacionadas a esse órgão são: generosidade, sinceridade e coragem.

Procure após o procedimento manter o corpo aquecido, principalmente as áreas trabalhadas, evitando pegar friagem. Faça o ritual preferencialmente à noite, antes de dormir.

Dia 6 – Busca do Equilíbrio Mental no Elemento Fogo

No sexto dia deste setênio ativaremos o campo mental por meio do elemento Fogo.

---

227. Barreto (2012).
228. Idem.
229. Dahlk (1192).

Pegue papel e lápis grafite. Escreva uma lista de pensamentos, atitudes e situações na sua vida que você gostaria de modificar. Isso deve ser efetuado ao longo de todo o dia, dentro de sua rotina habitual, de maneira que você tenha tempo para as reflexões e os questionamentos que surgirem.

Ao final do dia, vá para um lugar tranquilo e reservado onde não seja incomodado. Releia sua lista com calma e acrescente itens se necessário for. Acenda uma vela branca e peça às forças ígneas que iluminem seu mental para a realização do procedimento. Em seguida, enrole o papel em forma de pergaminho e queime-o na chama da vela mentalizando que queime, retire e elimine todos os bloqueios energéticos e intenções negativas relacionados ao que escreveu. Fique em silêncio por alguns minutos, procure esvaziar a cabeça.

Depois pegue um outro papel e escreva uma lista de intenções que contemplem mudanças de comportamentos e atitudes necessárias, além de coisas que deseja conquistar. Coloque esse papel sob a vela acesa e mentalize a abertura de caminhos e a realização de suas intenções. Agradeça e encerre o procedimento.

A vela deve permanecer acesa até que queime por inteiro.

Dia 7 – Tornar Perfeito o Imperfeito no Elemento Fogo

Para o dia de hoje vamos fazer a defumação da casa. O ato de defumar é comum em várias religiões. Na Grécia, as Pitonisas do Oráculo de Delfos utilizavam a fumaça de incensos e folhas de loureiro para tecer suas previsões;[230] na Igreja Católica, a defumação é ritual em cerimônias e missas. Na Umbanda, a defumação ocorre no início dos trabalhos para limpar o ambiente, os médiuns e os consulentes antes da ritualística.

Na defumação, o elemento Fogo é ativador das qualidades energéticas das ervas que passam a atuar nos ambientes e nos campos vibratórios das pessoas presentes. Dependendo do tipo de resultado pretendido com a defumação, deve ser utilizada uma erva apropriada para a devida finalidade.

---
230. Brandão (1987).

Para a defumação de hoje você precisará dos seguintes materiais:
- Turíbulo (ou algum outro recipiente propício para defumação, como uma panela velha pequena);
- Carvão vegetal
- Ervas secas ou um preparado para defumação de limpeza já pronto, que pode ser um composto de sete ervas, mirra, ou sálvia, por exemplo.

Mentalize a ação que está por iniciar. Acenda uma vela branca e a ofereça a seu anjo da guarda, pedindo por intuição, sabedoria e proteção para essa ação, para que você possa realizá-la com segurança e seja beneficiado integralmente segundo seu merecimento e necessidade perante a Lei Divina por ela. Deixe a vela em um lugar acima de sua cabeça (como em cima da geladeira, por exemplo). Mentalize tudo o que você quer limpar e remover de sua vida, tudo o que não quer mais para você.

Feche todas as janelas da casa. Acenda então o carvão e o deixe queimar por uns minutos. Quando ele estiver em estado de brasa, coloque-o no turíbulo. Adicione o composto de ervas secas e comece a defumar.

A defumação começa sempre do fundo da casa para a porta da frente. Escolha o cômodo mais distante da entrada e passe a defumação em todos eles, até a frente. Não se esqueça de passar nos quatro cantos do cômodo, nos quadros das paredes; abra as portas dos armários (inclusive da cozinha e gabinetes de banheiro) e defume dentro, os objetos, dentro de caixas, gavetas, por baixo das camas, por cima do colchão, dê especial atenção aos sapatos, etc. Certifique-se de passar em todos os cantos da casa, inclusive vãos de escada, despensas, lavabo, área de serviço, e pode se estender aos veículos da casa também.

A defumação se encerra na porta de entrada. Chegando lá, peça para que o guardião da porta e o protetor de sua casa permaneçam zelando pela proteção e segurança do seu lar. Peça que eles não permitam que entre nenhuma pessoa que traga negatividade, más intenções, influências negativas, etc. Faça uma prece de acordo com suas crenças pessoais e encerre o ritual.

O turíbulo deve então ser deixado do lado de fora da casa, perto da porta. Caso você more em apartamento, sugerimos deixá-lo perto da porta da varanda (do lado de fora) ou da área de serviço. Terminado isso, abra todas as janelas da casa e procure tomar um banho.

Segunda Semana – Lua Crescente – Elemento Terra

A fase da Lua Crescente, segundo Mattos:[231]

> [...] ocorre quando o Sol e a Lua estão em Signos que se encontram a 90º (graus) de distância entre si – uma quadratura –, o que representa desarmonia de qualidades. A luz refletida pela Lua é progressivamente maior na fase Crescente. Além disso, metade da Lua pode ser observada no céu: ela é visível ao meio-dia e desaparece à meia-noite.

O foco de atenção nessa fase é fazer a semente plantada na fase anterior criar raízes, vencer os obstáculos, criar força e resistência. Para isso temos que ter foco e comprometimento.

É o primeiro estágio de materialização do nosso querer, de nossos desejos, há obstáculos a serem superados e não há garantia de resultados. É, portanto, a fase de reconhecimento de nossas qualidades, recursos e limites.

É a hora que temos de ser persistentes, não desistir, focar o objetivo, sermos resilientes e fazer materializar. Exige esforço no sentido da manutenção do movimento, da ação, da comunicação.

Na segunda semana desta jornada, trabalharemos o elemento Terra, que para a Alquimia traz a fixação das nossas intenções na matéria.

Dia 1 – Desvendar as Sombras no Elemento Terra

Nesse primeiro dia trabalhando com o elemento Terra faremos uma limpeza. Para tal, você precisará de sete batatas-inglesas descascadas e uma bacia que caiba seus pés confortavelmente.

---

231. Mattos (2020, p. 112).

A crença popular antiga creditava à batata a capacidade de absorver ou puxar para si as toxinas, febres, mal-estar e enfermidades.

Por ser um representante do elemento Terra, já que é um tubérculo, a utilizaremos neste procedimento com a função de descarrego.

Pegue as batatas e as corte em rodelas. Forre o fundo da bacia com as rodelas de batata. Coloque seus pés sobre a batata e permaneça assim por 30 minutos. As batatas puxarão para si toxinas, energias deletérias e negatividades, auxiliando o corpo a descarregar o que estiver causando algum tipo de desequilíbrio.

Após esse período retire os pés da bacia e lave-os. Descarte as batatas.

Dia 2 – Separar o Puro do Impuro no Elemento Terra

Neste dia faremos a desintoxicação e a vitalização do sistema digestivo por meio da ativação do elemento Terra.

Sugerimos a abstenção de ingestão de bebidas alcóolicas, cigarros, alimentos gordurosos, etc. Da mesma forma, abster-se de locais barulhentos e coletivos de grande movimento, aparelhos eletrônicos, excesso de informação, seja pela internet, seja pela televisão ou redes sociais.

Procure fazer uma alimentação mais saudável, de preferência tirar algumas horas para ficar em silêncio consigo mesmo.

Indicamos o preparo de água aromatizada desintoxicante e vitalizante para tomar ao longo do dia.

Adquira um macinho de alecrim e um maço de hortelã, lave-os bem e acrescente-os a uma jarra com um litro e meio de água filtrada ou mineral.

O alecrim é uma erva com princípios vitalizantes, é vitamínica e mineralizante. Também chamada de erva da alegria, sua ingestão favorece o bem-estar e o combate ao estresse. Tem propriedades expectorantes, ajuda a equilibrar a pressão

arterial, é auxiliar no tratamento de dores reumáticas e contusões, é diurético e digestivo.[232]
No sutil:

> [...] desperta alegria, amor, vontade de viver. Ajuda a diluir mágoas, traumas, negatividade, depressões e tristezas. Auxilia no aprendizado, concentração, memória, diminuindo a desatenção e distração. Indicada para pessoas que estão desanimadas, com falta de vontade, depressão, tristezas, e precisam despertar alegria e vitalidade para vencer suas dificuldades.[233]

A hortelã é uma erva que possui antioxidantes, antibacterianos, antifúngicos e anti-inflamatórios.[234] No sutil:

> [...] trabalha a lentidão física e mental, dificuldade de análise interior e de aprendizado. Cria uma abertura no chakra gástrico, facilitando a digestão e a elaboração das emoções. Indicada para pessoas que racionalizam as emoções, ou que retêm as emoções por medo ou vergonha de expressá-las. Para choro reprimido.

Tampe o recipiente e ingira um copo dessa água nos seguintes horários: nove horas da manhã, meio-dia, três e seis horas da tarde e nove horas da noite.

Dia 3 – Busca do Equilíbrio do Organismo no Elemento Terra

Nesse dia propomos uma alimentação para estimular e equilibrar o elemento Terra no organismo. Alguns alimentos e temperos devem ser incluídos no cardápio no dia de hoje.

As raízes são indicadas, pois estão em contato direto com o elemento Terra, absorvendo os nutrientes e a energia desse elemento. Raízes orgânicas como cenoura, beterraba, batata, batata-doce, cará, mandioca, rabanete, aipo, etc. deverão constituir a base de sua alimentação no dia de hoje.

---

232. França *et al* (2008); Gonçalves, Santos e Morais (2015).
233. Mantovani e cunha (2019, p. 106).
234. França *et al*. (2003); Gonçalves, Santos e Morais (2015).

O alecrim também poderá ser incluído como tempero nesse dia. Para as pessoas sem restrições alimentares, sugerimos o consumo de carne vermelha.

Ingira os alimentos preferencialmente assados. Panelas de barro ou cerâmica ajudam a potencializar o elemento e são recomendáveis para seu preparo.

Dia 4 – Descobrir o Caminho no Elemento Terra

No dia de hoje, ativaremos o organismo por meio do elemento Terra utilizando cristais.

> Os cristais são substâncias sólidas, naturais que se formam dentro de diferentes tipos de rochas e possuem uma forma constante e regular [...] São como se fossem o DNA da Terra, um registro químico da evolução, como diz Juddy Hall (autora da *Bíblia dos Cristais*). [...] As rochas são constituídas por um ou mais minerais. Elas podem ser classificadas de acordo com sua composição química, sua forma estrutural, ou sua textura, ou de acordo com os processos de sua formação. São classificadas como ígneas (magmáticas), sedimentares e metamórficas [...] Os pedaços soltos ou fragmentos de rocha são popularmente chamados de pedras e os minerais constituintes das rochas podem se cristalizar, dando origem aos cristais. O mais comum é o quartzo, também chamado de cristal de rocha.[235]

Por serem representantes desse elemento, os cristais foram escolhidos para nos auxiliar a ativar e equilibrar nosso organismo neste procedimento.

Você precisará de uma unidade pequena dos seguintes cristais:

Turmalina negra – limpa, purifica e transforma energias densas. Limpa cargas negativas vindas por influências de outras pessoas, espirituais, obsessores, miasmas energéticos ou de enfermidades. Atua sobre magias ou trabalhos espirituais feitos contra a pessoa, fazendo a limpeza e trazendo proteção.[236]

---
235. Mantovani e Cunha (2019, p. 156).
236. Idem.

Citrino – regenerador e purificador. Aumenta a autoestima e a autoconfiança, acentuando a motivação e a individualidade. Resgata o poder pessoal, eleva a autoestima e a autoconfiança da pessoa.[237]

Topázio imperial – recarrega as energias, ajudando o indivíduo a reconhecer as suas capacidades pessoais. Fortalece a fé e o otimismo. Estimula soluções positivas com certeza de sucesso.[238]

Aventurina – promove a compaixão e a empatia. Ajuda a pessoa a resolver as indisposições afetivas do passado. Acalma a raiva, estimula a viver de acordo com o seu coração. Alivia seu coração limpando mágoas, raivas e ressentimentos. Protege o chacra cardíaco de influências negativas, harmonizando seu estado de espírito.[239]

Turquesa – elimina antigos juramentos, inibições e proibições, deixando a alma se expressar como antes. Dissipa a autossabotagem e ajuda as pessoas a se soltarem e ganharem a liberdade de serem elas mesmas sem carregar medos ou culpas.[240]

Sodalita – ajuda na meditação, na intuição. Estimula a pessoa a buscar a verdade, a manter seu idealismo e a encontrar respostas para as suas buscas interiores. Auxilia na confusão mental, na servidão intelectual, em ataques de pânico, trazendo o equilíbrio mental e emocional.[241]

Ametista – favorece estados de consciência mais elevados. Aguça a percepção espiritual. Favorece a sobriedade combatendo vícios. Promove mudança de padrão vibratório, atraindo mentores e facilitando a abertura de dons mediúnicos.[242]

Pela manhã, pegue as pedras e um recipiente de vidro incolor e deixe-as de molho na água com sal grosso até sua

---

237. Idem.
238. Idem.
239. Idem.
240. Idem.
241. Idem.
242. Idem.

utilização. O procedimento será realizado à noite. Esse passo é de suma importância para que você se beneficie integralmente das vibrações dos cristais.

À noite, retire-as da água com sal, lave-as e seque-as. Deite-se confortavelmente, escolha uma música de relaxamento e coloque as pedras nas seguintes posições:

    Turmalina negra: na base de sua coluna.
    Citrino: quatro dedos abaixo de seu umbigo.
    Topázio Imperial: na altura de seu estômago.
    Aventurina: na altura de seu coração.
    Turquesa: na garganta.
    Sodalita: na testa.
    Ametista: próxima ao topo da cabeça.

A seguir mentalize o Sol e seus raios. Puxe e direcione um raio para si. Imagine esse raio de luz branca se dividindo nas sete cores do arco-íris. O vermelho iluminando a turmalina negra, o laranja iluminando o citrino, o amarelo iluminando o topázio imperial, o verde iluminando a aventurina, o azul iluminando a turquesa, o índigo iluminando a sodalita e o violeta iluminando a ametista.

Permaneça assim por 15 minutos. Ao final desse período retire os cristais, levante-se devagar e espreguice-se.

Os cristais imantados com a sua energia devem ser guardados e podem ser utilizados toda vez que você assim o intuir.

Dia 5 – Sutilizar as Águas no Elemento Terra

Para o quinto dia, ativaremos o organismo por meio do elemento Terra utilizando um procedimento de automassagem.

Essa massagem deve ser feita à noite, antes de dormir. Escolha uma música de relaxamento de sua preferência. Tenha à mão creme hidratante ou óleo de massagem.

Tire uns minutos para serenar os pensamentos e voltar-se ao momento presente e ao seu corpo. Faremos movimentos leves e sem muita pressão no sentido anti-horário para todo o procedimento.

Inicie a massagem dobrando a perna esquerda sobre sua coxa direita. Apalpe o pé esquerdo, sentindo seu tamanho, a textura da pele, seu formato. Apalpe a sola dos pés com um pouco mais de pressão utilizando o polegar. Repita esse movimento para o peito do pé e o calcanhar. Troque de pé e repita o procedimento.

Faça o mesmo com as pernas até a altura dos joelhos. Inicie com a perna esquerda em movimentos circulares no sentido horário. A seguir, faça o mesmo com a perna direita.

Em seguida vá para os joelhos, primeiro o esquerdo e depois o direito. Massageie frente e costas. Repita o mesmo roteiro para as coxas.

Depois, faça movimentos circulares no sentido horário em toda a sua barriga, de uma forma leve e gentil. Da mesma forma, ainda em movimentos circulares, massageie a região do peito lentamente e de maneira concêntrica.

Vamos agora para os braços e antebraços. Passe as mãos de uma forma suave, do ombro para as mãos, como se estivesse retirando alguma coisa, de cima para baixo, por dentro e por fora do braço. Faça primeiro no braço esquerdo, depois repita o procedimento no braço direito.

Coloque o óleo ou creme nas mãos e passe agora nas costas, na medida do seu alcance. Em pé, incline depois o corpo numa posição de 90 graus e esfregue com bastante vigor as mãos desde a região dos rins, lombar, até a região posterior das coxas.

Novamente sentado, faça uma massagem com a ponta de seus dedos em toda a região da sua nuca e pescoço. Depois massageie a região do pescoço até os ombros. Em seguida, coloque as duas mãos na cabeça e, com a ponta dos dedos, faça uma massagem em todo o couro cabeludo.

Ao terminar, procure deitar-se.

Dia 6 – Busca do Equilíbrio Mental no Elemento Terra

Para esse dia faremos a ativação do campo mental por meio do elemento Terra. Para tal, utilizaremos um vaso de cerâmica ou barro, pedras de argila, terra e uma muda de alecrim.

Todo Jardim começa com uma história de amor. Antes que qualquer árvore seja plantada ou um lago construído, é preciso que eles tenham nascido dentro da alma. Quem não planta jardins por dentro, não planta jardins por fora nem passeia neles.

(Rubem Alves)

A simbologia da Árvore está presente em muitas culturas. Bernardo diz que na psique ela se encontra atrelada ao eixo entre ego e *self*, ou seja, o centro da consciência individual às suas raízes no inconsciente coletivo.[243] Essa conexão entre a matéria e o espiritual, segundo Jung,[244] traz à tona a criatividade e o estado de plenitude.

Procedimento: pegue o vaso, deposite no fundo as pedras de argila e, a seguir, a terra até atingir sua metade. Acrescente meio copo de água à terra. Depois, assente a muda de alecrim, complete com terra as laterais do vaso, pressionando a superfície para dar consistência. Ao terminar, regue sem encharcar. Coloque o vaso em um local claro e arejado. Agora essa planta é sua responsabilidade.

Dia 7 – Tornar Perfeito o Imperfeito no Elemento Terra

Nesse sétimo dia, você deverá ativar seu campo espiritual por meio do elemento Terra utilizando-se para tal de uma prática com mandala.

"Deus é uma esfera inteligível, cujo centro está em toda parte e cuja circunferência não está em parte alguma."[245]

Existe uma íntima relação do homem com a forma circular. A jornada de nossa vida é circular, bem como nossos principais processos biológicos, como a respiração e a circulação. Diz Nichols:[246]

---

243. Bernardo (2012).
244. Jung (2008).
245. Jung (2011) – citação de um pensamento de São Boaventura.
246. Nichols (2007, p. 56).

A ideia do círculo como princípio e fim da jornada é simbolicamente expressa pelo Oroboros ou Comedor da Cauda, a mítica serpente que se cria, alimenta e transforma engolindo a própria cauda. Sua cauda circular representa o estado original da natureza inconsciente, o ventre primevo antes da criação dos opostos e o estado de inteireza, a união dos opostos, desejada no fim da jornada.

A mandala permite a integração de nossa psique e, segundo Fincher,[247] ajuda a harmonizar conflitos internos. Jung atribuiu aos trabalhos com mandala o poder de revelar os símbolos do processo psíquico individual, questões relativas ao trânsito de informação consciente e inconsciente e seu caminho de integração.[248]

Para esta prática, você precisará de um saco de terra seca e seus cristais utilizados no procedimento do quarto dia do elemento Terra, de seu vaso plantado ontem e flores que desejar.

Escolha uma música de relaxamento de sua preferência e coloque para tocar. Desenhe uma mandala com a terra no chão. Ela terá que ser grande o suficiente para conter todos os elementos e você em pé ou sentado. Decore com os cristais e os demais elementos sugeridos.

Entre na mandala, serene seus pensamentos por uns instantes e faça a seguinte visualização criativa: mentalize sair de sua casa pela porta de entrada. Do outro lado, você encontrará um jardim. Caminhe vagarosamente por ele e perceba os elementos ao seu redor. A seguir, trilhe o caminho da mata até encontrar uma cabana. Dentro da cabana, você entrará em contato com seu mentor espiritual. Nesse encontro você poderá fazer perguntas a ele, esclarecer dúvidas, receber conselhos, etc. Permaneça o tempo que for necessário. Ao término dessa conversa,

---
247. Fincher (1998).
248. Jung e Wilhelm (2010).

você receberá um presente. Despeça-se do seu mentor e faça o mesmo caminho na volta. Utilize o tempo que precisar.

Ao terminar, saia da mandala pelo lado oposto de sua entrada. Mantenha a mandala até o dia seguinte, quando poderá ser desfeita.

Terceira Semana – Lua Cheia – Elemento Água

A fase da Lua Cheia, segundo Mattos:[249]

> A fase ocorre quando o Sol e a Lua estão em signos opostos, ou seja, encontram-se a 180º (graus) de distância, formando uma oposição. A luz refletida pela Lua atinge o seu ponto máximo. Agora, o círculo lunar é inteiramente visível durante toda a noite. O Sol se põe a oeste e a Lua nasce na direção oposta, no leste. A atração gravitacional do Sol e da Lua sobre a Terra é mais forte, equivalendo apenas à Lua Nova. Só que, na fase Cheia, essas forças operam em direções opostas sobre a Terra. Esse é um aspecto de polarização, culminância, mas também de complementaridade dos opostos. A Lua Cheia é como um transbordamento.

As dificuldades superadas da fase anterior rendem frutos e começam a germinar. É um período de realização. Por outro lado, para todas as dificuldades não suplantadas haverá frustração, ansiedade e angústia. Isso ocorre porque a Lua Cheia traz a energia máxima e ilumina tudo, pondo em evidência o máximo de todas as situações. A quantidade de água no nosso organismo aumenta, assim como as marés; nossos sentidos ficam mais aguçados, ficamos mais sensíveis. É um período de turbulência no qual tudo se encontra exaltado.

Essa fase de Lua está relacionada ao elemento Água e, na nossa psique, se associa a nossas emoções e sentimentos.

Dia 1 – Desvendar as Sombras no Elemento Água

A limpeza da Água será feita por meio de um banho, no qual utilizaremos as ervas arruda, guiné e levante.

---

249. Mattos (2020, p. 115).

Essas ervas auxiliarão no processo de limpeza dos campos energéticos, retirando negatividades e qualquer forma de influência negativa externa que possa estar em consonância com seu padrão vibratório atual.

Arruda – é uma erva com princípio ativo estimulante.

> Trabalha todo o tipo de cansaço, esgotamento, vontade fraca, sensação de estar sem energia. Faz também a proteção e a limpeza da aura em casos de energia negativa, absorvida de pessoas ou de ambientes carregados, inveja, obsessores etc. Indicada para pessoas que têm dificuldade em estabelecer limites, as que não sabem dizer não, acabam absorvendo as energias intrusas dos ambientes e de pessoas desequilibradas energeticamente, causando danos e uma série de sintomas para si mesmas, como dor de cabeça, peso nos ombros, tonturas, enjoo, mal-estar, vontade de bocejar e arrotar, etc.[250]

Guiné – essa erva de princípio ativo, também estimulante,

> [...] auxilia na energização da pessoa com sintomas de perda de energia, cansaço, principalmente gerado por vampirismo energético. Faz a limpeza da aura eliminando as cargas recebidas de energias negativas. Indicada para casos de simbiose energética. Pessoas com dependência patológica de terceiros não conseguem fazer as coisas sozinhas. Sempre estão dependendo ou pedindo ajuda para alguém.[251]

Levante – também chamada de hortelã-silvestre, levante ou alevante, essa erva:

> [...] é um poderoso protetor espiritual. Limpa as emoções e sentimentos negativos pessoais e aqueles recebidos por influência de terceiros. Indicada para pessoas que se sentem carregadas, têm pesadelos impressionantes e marcantes, não conseguem dormir bem. Ajuda a equilibrar o campo mental e dar força e energia para que a pessoa se recupere.[252]

---

250. Mantovani e Cunha (2019).
251. Idem, p. 115.
252. Mantovani e Cunha (2019, p. 116).

Modo de Preparo:
Ingredientes: sete galhinhos de arruda, sete folhas de levante, sete folhas de guiné. As ervas podem adquiridas frescas ou secas.

Picar e macerar as ervas em um recipiente. Ferver um litro de água filtrada ou mineral separadamente. Jogar a água fervente nas ervas e abafar. Quando estiver na temperatura ambiente, tome seu banho normal, desligue o chuveiro e jogue esse preparado no corpo, desde a cabeça até os pés. Seque-se para que o preparo possa permanecer atuando o maior número de horas possível no seu corpo. Escolha o horário que for mais conveniente para que após o banho você possa ficar em relaxamento por alguns minutos.

Dia 2 – Separar o Puro do Impuro no Elemento Água

Nesse dia faremos a desintoxicação do organismo pela ativação do elemento Água.

Não esqueça que nesse dia é aconselhável a abstenção de ingestão de bebidas alcóolicas, cigarros, alimentos gordurosos, etc. Da mesma forma, abster-se de locais barulhentos e coletivos de grande movimento, aparelhos eletrônicos, excesso de informação, seja pela internet, pela televisão ou redes sociais.

Procure fazer uma alimentação mais saudável, de preferência tirar algumas horas para ficar em silêncio consigo mesmo.

Indicamos o preparo do chá de erva-doce para ser tomado ao longo do dia.

A erva-doce ajuda a digestão, reduzindo gases, flatulência, cólicas e inchaço abdominal. Auxilia no controle da pressão arterial e no equilíbrio dos batimentos cardíacos. A erva- doce ajuda ainda no combate a agentes infecciosos e radicais livres, além de metais tóxicos como alumínio.

A erva-doce no sutil:

> Traz serenidade, tranquilidade e integração do ser com o agora. Alivia os medos, angústia, apreensão, ansiedade, terror noturno, paranoia, etc. Indicada para pessoas que precisam se equilibrar por tensões geradas por angústias e medos.[253]

---
253. Mantovani e Cunha (2019, p. 112.).

Adquira a erva-doce para chá, ferva um litro de água filtrada ou mineral, acrescente a erva e abafe. Esse chá deve ser ingerido quente pela manhã em jejum e à noite.

Dia 3 – Busca do Equilíbrio do Organismo no Elemento Água

Nesse dia propomos uma alimentação para estimular e equilibrar o elemento Água no organismo. Alguns alimentos e temperos devem ser incluídos no cardápio no dia de hoje.

Nesse dia procure ingerir uma quantidade maior de líquidos. Água, sucos e sopas, por exemplo. Evite refrigerantes, energéticos, café e bebidas alcoólicas.

Alimentos ligados ao elemento água:
- Legumes, cereais e leguminosas: berinjela, cevada e soja, feijão, aspargos.
- Carnes: de carneiro, de porco, pato, enguia, caranguejo, peixe.
- Frutas: ameixa, tangerina, melancia, melões, amora, mirtilo e uvas.
- Outros: algas marinhas.

Dia 4 – Descobrir o Caminho no Elemento Água

O procedimento de Ativação do organismo utilizando o elemento Água será o escalda-pés.

Providencie uma bacia ou balde (cujo perímetro comporte com conforto os seus pés) e cânfora sólida (tabletes ou bolinhas) vendida em qualquer farmácia.

O bálsamo alivia dores, é anti-inflamatório e usado como coadjuvante no tratamento de diabetes e problemas estomacais. No sutil, trabalha a expressão emocional. Libera as emoções reprimidas por timidez ou traumas. Restabelece o fluxo da energia emocional. Indicado para pessoas que retém as suas emoções ou que não conseguem "digerir" situações desgastantes e precisam enfrentá-las com mais facilidade.[254]

---

254. Mantovani e Cunha (2019).

Como já descrevemos, os pés são como nosso segundo coração para a medicina chinesa, e aquecê-los ajuda a trazer o equilíbrio para o fluxo das energias do corpo. O escalda-pés ativa o movimento energético da região inferior e das pernas, ajudando a trazer o fluxo da energia mental para baixo, acalmando-a e ajudando-a a esvaziar-se de pensamentos.

Ferva a água em uma panela. Após fervida, deposite-a na bacia, adicionando a cânfora, e tempere de maneira que a água fique em uma temperatura na qual você consiga colocar o seu pé. A água tem que estar bem quente.

Coloque os pés dentro da bacia. A água tem que cobri-los e atingir a região das canelas. Permaneça assim até que você sinta o calor subir para a base de sua coluna, na região do sacro. Caso a água esfrie antes disso, insira mais água quente na bacia.

Ao retirar os pés da água, seque-os bem e coloque meias de maneira a mantê-los aquecidos. Procure realizar esse procedimento à noite, antes de dormir.

Dia 5 – Sutilizar as Águas – no Elemento Água

No quinto dia do elemento Água, vamos preparar uma água solarizada. Providencie uma garrafa de vidro na cor verde. A seguir, com uma caneta permanente verde escreva em uma etiqueta branca o comando: "Mantenho meu coração tranquilo e sereno, vibrando sentimentos construtivos e amorosos".

Cole a etiqueta na garrafa. Em seguida, insira água filtrada ou mineral e tampe. Você deve expô-la aos raios solares por no mínimo duas horas, depois deixá-la em um local arejado e fresco.[255]

Pensamentos e sentimentos, assim como palavras faladas ou escritas, podem influenciar o ambiente que nos rodeia, tanto positiva quanto negativamente.[256]

---

255. Apostila do curso de Cromoterapia Avançada – COE Deuseluz, ministrado pelas autoras.
256. Emoto (2004).

Atualmente, pesquisas realizadas por Massaro Emoto comprovam também que a água retém as informações captadas das mais diversas formas de energia e consegue transmiti-las e influenciar outros campos vibratórios. Através das fotos dos cristais de água congelada, ficaram constatadas as alterações que a água sofre por vibrações geradas pelas mais diferentes fontes emanadoras, como música, pensamentos, palavras, locais, fotografias, ideogramas, etc.[257]

Esse procedimento visa transmitir e fixar as qualidades das palavras comandadas no corpo de quem toma a água. A ingestão da água com esse padrão vibracional trará para dentro do corpo esse comando, fixando o padrão desejado, uma vez que nosso corpo é constituído por cerca de 80% de água.

Essa água deve ser ingerida ao longo do dia em temperatura ambiente, não devendo ser colocada na geladeira.

Dia 6 – Busca do Equilíbrio Mental no Elemento Água

Nesse dia sugerimos a ativação do Elemento Água no campo mental através de uma inalação com vapor quente.

O vapor quente umedece as vias respiratórias e fluidifica secreções. É excelente para aliviar problemas crônicos ou agudos de natureza respiratória, como rinite alérgica, bronquiolite, bronquite, asma, doença pulmonar obstrutiva crônica (DPOC), obstrução nasal e sinusite.

O sistema respiratório está diretamente ligado ao elemento Ar e ao nosso campo mental. Assim, o procedimento escolhido trará esse equilíbrio.

Deposite em uma panela: um litro de água, um punhado de folhas de eucalipto e três colheres de sopa de sal grosso. A seguir ferva a mistura. Retire do fogo e coloque a panela sobre

---

257. Mantovani e Cunha (2019, p. 39).

uma mesa. Cubra a cabeça com uma toalha de banho sobre a panela e inale o vapor por cerca de 15 minutos.

O eucalipto tem propriedades expectorantes, antissépticas, anti-inflamatórias, antimicrobianas, descongestionantes, tônicas e vermífugas. No sutil:

> [...]auxilia na concretização das ideias e desejos. Indicado para pessoas instáveis emocionalmente que apresentam contradições entre o querer profundo e a prática cotidiana, entre a idealização e a realização concreta. Pessoas que precisam realizar seus desejos.[258]

Faça esse procedimento à noite, antes de dormir. Mantenha a cabeça quente e seca após a inalação, e evite a exposição à friagem.

Dia 7 – Tornar Perfeito o Imperfeito no Elemento Água

No sétimo dia ativaremos o campo espiritual por meio do elemento Água.

Faremos um banho de cabeça para purificar e ativar nossas conexões com o corpo espiritual. Como descrito anteriormente, várias religiões e povos realizam rituais utilizando a água na cabeça, com o objetivo de fazer a conexão do indivíduo com a espiritualidade.

Você precisará para este preparo: um recipiente de vidro transparente, uma vela branca e flores de alfazema (podem ser secas).

Pela manhã pegue o recipiente, insira um litro de água e as flores de alfazema. Acenda uma vela branca ao lado. Firme na chama da vela o seu anjo da guarda, seu guardião ou entidade protetora, de acordo com suas crenças, e deixe-a queimar até o fim.

À noite, antes de se deitar, tome seu banho habitual. Após o banho jogue essa água previamente preparada sobre o corpo, desde a cabeça até os pés. Seque-se normalmente e vá dormir.

---

258. Mantovani e Cunha (2019, p. 113).

Quarta Semana – Lua Minguante – Elemento Ar

Na fase da Lua Minguante, segundo Mattos[259]:

> [...] a luz refletida pela Lua começa progressivamente a diminuir. Na primeira fase da Lua Minguante, ela ainda é bastante visível, mas, aos poucos, seu brilho vai extinguindo. É a fase de menor força de atração gravitacional da Lua sobre a Terra, quando ocorre o mais baixo nível de volume de água no organismo e no planeta.

A energia que se expressa nesta fase é concentradora e de síntese. Tudo perde sua força, conflitos inclusive. Esta é uma fase de recolhimento e ajustes, é preciso entender e avaliar os resultados obtidos, aceitá-los e ressignificá-los, adaptando uma nova situação e preparando um novo ciclo. Para isso é preciso terminar o que se começou para que não sobrem pendências.

Esta fase da Lua está relacionada ao elemento Ar, trazendo discernimento e ligação com a espiritualidade.

Dia 1 – Desvendar as Sombras no Elemento Ar

Nesse primeiro dia, faremos a limpeza do campo mental ativando o elemento Ar por meio de um procedimento utilizando incenso. A fumaça do incenso ajuda a retirada de formas-pensamento geradas pelo nosso mental negativado, o que acaba atraindo também outras vibrações negativas ligadas a ele, sobrecarregando o ambiente.

Muitas são as culturas que utilizam o incenso. Sua fumaça está associada à ligação com o divino. No Tibete, por exemplo, os mosteiros possuem incensários perenes, pois a fumaça é utilizada como instrumento para meditação e desdobramento.

Para este procedimento adquira incenso de sete ervas, mirra, sálvia branca ou palo santo, o que for de sua preferência.

---

259. Mattos (2020, p. 118-119).

Você deverá colocar um incenso aceso em cada cômodo da casa. Eles devem queimar todos ao mesmo tempo. Antes de fixá-lo no porta-incenso passe-o nos quatro cantos do cômodo, mentalizando sua limpeza, a transmutação do padrão da energia, a paz e a harmonia. Repita para todos.

Enquanto os incensos queimam, procure ficar em estado meditativo ou em estado de oração.

Ao final do processo, recolha as cinzas e jogue-as em água corrente mentalizando que tudo que foi ali recolhido seja levado.

Dia 2 – Separar o Puro do Impuro no Elemento Ar

Nesse segundo dia, desintoxicaremos o campo mental ativando o elemento Ar por meio do escalda, pés com cânfora.

Providencie uma bacia ou balde (cujo perímetro comporte com conforto os seus pés) e cânfora sólida (tabletes ou bolinhas) vendida em qualquer farmácia.

A cânfora tem características sedativas, calmantes, analgésicas, anti-inflamatórias e repelentes. No sutil, "acalma a mente, melhora o raciocínio e limpa a energia dos ambientes. Indicada para pessoas que precisam acalmar seus pensamentos e, assim, melhorar o foco e o raciocínio na tomada de decisões".[260]

Como já descrevemos, os pés são como nosso segundo coração para a medicina chinesa, e aquecê-los ajuda a trazer o equilíbrio para o fluxo das energias do corpo. O escalda-pés ativa o movimento energético da região inferior e das pernas, ajudando a trazer o fluxo da energia mental para baixo, acalmando-a e ajudando-a a esvaziar-se de pensamentos.

Ferva a água em uma panela. Após fervida, deposite-a na bacia, adicionando a cânfora, e tempere de maneira que a água fique em uma temperatura na qual você consiga colocar o seu pé. A água tem que estar bem quente.

---

260. Mantovani e Cunha (2019, p. 110)..

Coloque os pés dentro da bacia. A água tem que cobri-los e atingir a região das canelas. Permaneça assim até que você sinta o calor subir para a base de sua coluna, na região do sacro. Caso a água esfrie antes disso, insira mais água quente na bacia. Ao retirar os pés da água, seque-os bem e coloque meias de maneira a mantê-los aquecidos. Procure realizar esse procedimento à noite, antes de dormir.

Dia 3 – Busca do Equilíbrio do Organismo no Elemento Ar

Nesse dia, propomos uma alimentação para estimular e equilibrar o elemento Ar no organismo.

Devemos preparar um cardápio com alimentos mais leves, a ingestão de saladas com bastante folhagem, por exemplo. Folhas picantes como agrião, rúcula, mostarda, aipo e cebola são recomendáveis. A carne de frango também é adequada para esse dia.

A última refeição deve ocorrer até no máximo 21 horas. Após esse horário, nesse dia, procure não ingerir mais nada, o que inclui água.

Dia 4 – Descobrir o Caminho no Elemento Ar

Nesse dia, faremos a ativação de seu organismo por intermédio do elemento Ar utilizando uma visualização criativa.

Sente-se confortavelmente em uma cadeira, de forma que você possa permanecer por algum tempo sem nenhum desconforto. Procure estar em um ambiente mais tranquilo e silencioso para que nenhum barulho ou movimento possa lhe tirar a atenção.

Feche os olhos. Procure entrar em contato com a memória de algum local na natureza que lhe traga recordações felizes e prazerosas. Pode ser no campo ou em algum lugar de praia. Tendo lembrado desse momento, procure mentalizar o céu muito azul. Fixe-se nesse azul. O azul de um céu limpo e ensolarado, de um lugar que lhe trouxe muito prazer e alegria.

Procure respirar o ar desse céu azul. Um ar azul contendo todas as boas lembranças e vibrações que você guarda desse dia. Inspire.

Mentalize esse ar adentrando as suas narinas, passando pela laringe, faringe, traqueia e chegando aos pulmões. Dos pulmões vai se direcionando aos alvéolos até conseguir entrar na corrente sanguínea.

Mentalize o ar azul circulando por todo o seu corpo, chegando a todas as suas células, oxigenando cada uma com essa energia feliz e prazerosa.

Agora, expire. Mentalize que as toxinas de cada célula e todas as emoções negativas que foram, de alguma forma, registradas e fixadas no seu corpo possam ser agora retiradas. O ar azul foi escurecendo e transformou-se em um ar de cor marrom-escura.

Da mesma forma, esse ar marrom vai voltar pela circulação sanguínea para os pulmões, e de lá para a traqueia, faringe, laringe e sair pelo nariz.

Respire 21 vezes fazendo essa visualização. Após essa etapa, volte a respirar o ar azul, agora o direcionando de outra forma.

Mentalize o ar adentrando suas narinas e indo em direção à cabeça. Vá ativando cada neurônio ou região do seu cérebro, chegando a levar esse ar a todas as células.

Como feito anteriormente, o ar azul vai se transformando em um ar marrom, carregando todas as toxinas, pensamentos e lembranças negativas para fora do seu corpo, saindo pelo nariz.

Repita também essa mentalização por 21 respirações.

Terminado o procedimento, você estará com seu corpo e sua mente renovados energeticamente, vibrando padrões positivos e lembranças prazerosas.

Dia 5 – Sutilizar as Águas no Elemento Ar

Hoje faremos a ativação do campo emocional por meio do elemento Ar utilizando para tal um exercício de respiração.

Nossa respiração é um processo autônomo e automático. Exercícios de respiração consciente podem alterar nosso estado emocional e físico, melhorando a oxigenação do cérebro, bem como de todas as células de nosso corpo.

A respiração consciente é uma prática comum aos yogues, que através de seu controle aumentam a concentração, a vitalidade corporal, a longevidade e o bem-estar. A palavra sânscrita *pranayama* significa controle e expansão da energia vital (prana) e é considerado um dos pilares da boa prática da Yoga.

Adquira um difusor e óleo essencial de eucalipto. Escolha uma música de relaxamento de sua preferência. Ligue o difusor. Procure sentar-se em um local confortável, prestando atenção à postura ereta das costas.

Inicie fechando os olhos e concentrando a atenção em sua respiração. Respire profundamente, inspirando lentamente o ar pelas narinas. O diafragma se moverá para baixo permitindo que o abdômen se abra e vá para fora, o peito expandirá, perceba o movimento das clavículas para cima. Sinta os pulmões cheios de ar. Expire o ar pelas narinas sentindo o movimento de baixar clavículas, o esvaziamento do peito e do abdômen. A expiração deve ser um processo mais curto que a inspiração. Repita por cinco vezes.

A seguir, faremos a respiração com as narinas alternadas.[261]

Tampe a narina esquerda com o dedo anelar esquerdo. Inspire lentamente pela narina direita. O diafragma se moverá para baixo permitindo que o abdômen se abra e vá para fora, o peito expandirá, perceba o movimento das clavículas para cima. Sinta os pulmões cheios de ar. Feche ambas as narinas e retenha a respiração por uns segundos. Libere então a narina esquerda e expire por ela sentindo o movimento de baixar

---

261. Método Anulom Vilom Pranayama.

clavículas, o esvaziamento do peito e do abdômen. Repita o procedimento com a outra narina. Este é um *pranayama* completo. Repita-o cinco vezes.

Essa respiração ajuda a equilibrar as duas forças opostas do corpo, promovendo bem-estar e saúde física e mental.

Dia 6 – Busca do Equilíbrio Mental no Elemento Ar

Nesse dia faremos a ativação de seu campo mental por intermédio do Elemento Ar utilizando para tal um exercício de meditação.

A meditação é uma prática em que são utilizadas técnicas para trazer a atenção ao momento presente, elevando foco e concentração com o intuito de aumentar a clareza emocional e mental.

> Corpo como uma montanha. Respiração como o vento Mente vasta como o céu[262]

Sente-se confortavelmente, as mãos sobre as pernas, solte os músculos das costas, relaxe os ombros, abdômen e rosto, especialmente as mandíbulas. Mantenha os olhos abertos, a posição ereta e foque a atenção na respiração. Toda vez que sentir que está curvando as costas, alinhe-as de novo. A respiração deve fluir normalmente. Perceba sua respiração e preste atenção no ar saindo de seu corpo e entrando nele. Observe seus pensamentos passarem sem se apegar a eles ou rejeitá-los.

Toda vez que dispersar, movimente um pouco o corpo, volte à posição original, retome a atenção para a respiração e reinicie. A impaciência, alguns pensamentos ou outros incômodos, como insetos, calor e dor no corpo, podem surgir. No começo você pode encontrar dificuldade, mas a prática trará aperfeiçoamento.

Mantenha o foco por pelo menos três minutos, pois o importante é a qualidade e não a quantidade. Faça esse procedimento à noite, antes de deitar.

---

262. Instrução de meditação tibetana.

Você poderá adquirir um travesseiro de macela para dormir. A macela é uma erva que tem efeito antisséptico, antiviral, anti-inflamatório, tônico e calmante, entre outros. No sutil, é "calmante, relaxante, combate estafa física e mental. Auxilia nas dificuldades e bloqueios no aprendizado. Relaxa o campo mental e acalma os pensamentos. Indicada para pessoas com o mental muito exacerbado, que precisam relaxar e desligar a cabeça dos problemas." [263]

Dia 7 – Tornar Perfeito o Imperfeito no Elemento Ar

Hoje faremos a ativação de seu campo espiritual por meio do elemento Ar utilizando o mantra da paz.[264]

Comece o procedimento acendendo um incenso de massala ou algum outro de cunho espiritual. Depois, repita o mantra a seguir por pelo menos três vezes. Para facilitar, você pode acessar o vídeo desse mantra na internet e acompanhá-lo.

Sarvesham Svastir Bhavatu

Om

Sarvesham Svastir Bhavatu
Sarvesham Shantir Bhavatu
Sarvesham Purnam Bhavatu
Sarvesham Mangalam Bhavatu
Om Sarve Bhavanthu Sukhinah
Sarve Shantu Niraamayaah
Sarve Badrani Pashyantu

Ma Kaschi Bhaag Bhavet tradução é: "Que todos tenham auspiciosidade. Que todos tenham a paz. Que todos encontrem a perfeição. Que todos sejam felizes. Que todos tenham saúde. Que todos tenham boa sorte e que ninguém tenha que sofrer".

---

263. Mantovani e Cunha (2019, p. 116).
264. Esse mantra é entoado pelas crianças do projeto "Children Beyond – with Children United in Prayers" (crianças alem – crianças unidas em orações).

A seguir, pegue um papel e escreva as palavras de comando: proteção, paz, harmonia, equilíbrio e prosperidade. Enrole o papel no formato de um pergaminho e afixe-o no batente da porta de entrada de sua casa. Ele deve ser fixado sete palmos acima da linha do chão, levemente inclinado, de maneira que a ponta superior esteja virada para dentro de sua residência.

Esta atividade foi inspirada no Mezuzá. Na tradição judaica, é costume a fixação do Mezuzá no umbral das portas. Trata-se de um pequeno rolo de pergaminho que contém passagens da Torá e que servem como lembrança dos princípios do Judaísmo e das orações, cuja fonte é o Criador.[265]

Parabéns, você chegou ao final do ciclo de 28 dias. Ele poderá ser repetido todas as vezes que você precisar.

---

265. Chabad.org.

Bibliografia

AL-SNAFI, Ali Esmail. "The Pharmacological Activities of Cuminum Cyminum – a Review". *Jounal of Pharmacy*, v. 6, issue 6, version 2, June 2016.

ANGWIN, R. *Cavalgando o Dragão*: o Mito e a Jornada Interior. São Paulo: Cultrix, 1996.

ARROYO, Stephen. *Astrologia, Psicologia e os Quatro Elementos*. 2. ed. São Paulo: Pensamento, 2013.

_____. *Manual de Interpretação do Mapa Astrológico*. 2. ed. Portugal: Europa-América, 2004.

_____. *Normas Práticas para Interpretação do Mapa Astrológico*. 6. Ed. São Paulo: Pensamento, 2011.

BALDUS, Herbert. *Estórias e Lendas dos Índios*. Coleção: Astrologia Ilustrada do Folclore Brasileiro. São Paulo: Literart, 1960.

BARRETO, Adalberto de Paula. *Quando a Boca Cala os Órgãos Falam*: Desvendando as Mensagens dos Sintomas. São Paulo: LCR, 2012.

BERNARDO, Patrícia P. *A Prática da Arteterapia*: Correlações entre Temas e Recursos: Temas Centrais em Arteterapia. 4. ed. v. I. São Paulo: Arterapinna, 2008.

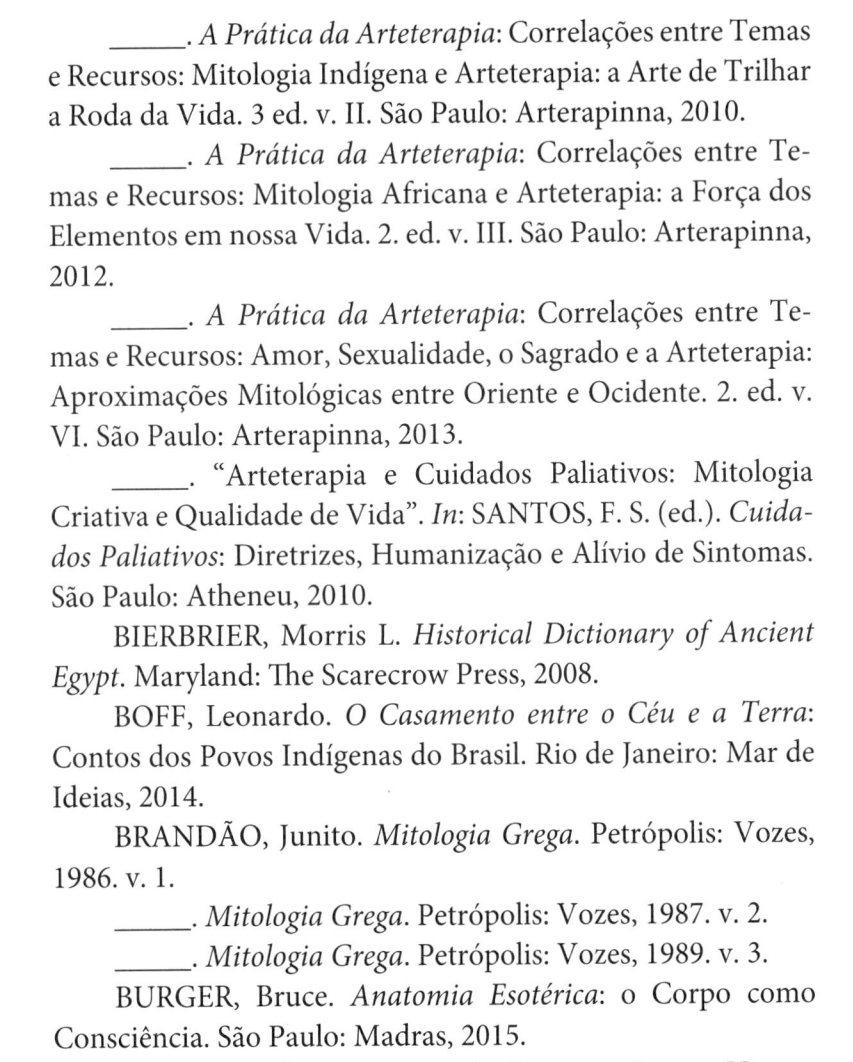

_____. *A Prática da Arteterapia*: Correlações entre Temas e Recursos: Mitologia Indígena e Arteterapia: a Arte de Trilhar a Roda da Vida. 3 ed. v. II. São Paulo: Arterapinna, 2010.

_____. *A Prática da Arteterapia*: Correlações entre Temas e Recursos: Mitologia Africana e Arteterapia: a Força dos Elementos em nossa Vida. 2. ed. v. III. São Paulo: Arterapinna, 2012.

_____. *A Prática da Arteterapia*: Correlações entre Temas e Recursos: Amor, Sexualidade, o Sagrado e a Arteterapia: Aproximações Mitológicas entre Oriente e Ocidente. 2. ed. v. VI. São Paulo: Arterapinna, 2013.

_____. "Arteterapia e Cuidados Paliativos: Mitologia Criativa e Qualidade de Vida". *In*: SANTOS, F. S. (ed.). *Cuidados Paliativos*: Diretrizes, Humanização e Alívio de Sintomas. São Paulo: Atheneu, 2010.

BIERBRIER, Morris L. *Historical Dictionary of Ancient Egypt*. Maryland: The Scarecrow Press, 2008.

BOFF, Leonardo. *O Casamento entre o Céu e a Terra*: Contos dos Povos Indígenas do Brasil. Rio de Janeiro: Mar de Ideias, 2014.

BRANDÃO, Junito. *Mitologia Grega*. Petrópolis: Vozes, 1986. v. 1.

_____. *Mitologia Grega*. Petrópolis: Vozes, 1987. v. 2.

_____. *Mitologia Grega*. Petrópolis: Vozes, 1989. v. 3.

BURGER, Bruce. *Anatomia Esotérica*: o Corpo como Consciência. São Paulo: Madras, 2015.

CAIRUS, H. "Da Natureza do Homem: Corpus Hippocraticum". *História, Ciência, Saúde*, Manguinhos, v. 6, n. 2, p. 395-430, 1999.

CAMPUS, António M. *Tao Te King*: Livro do Caminho e do Bom Caminhar. Tradução direta do chinês para o português, comentários, introdução à filosofia taoista. Lisboa: Relógio d'Água, 2010.

CHOPRA, D.; FORD, D.; WILLIAMSON, M. O *Efeito Sombra*: Encontre o Poder Escondido em sua Verdade. São Paulo: Texto, 2010.

COSANS, C. "Galen's Critique of Rationalist and Empiricist Anatomy". *Journal of the History of Biology*, 30, p. 35-54, 1997.

_____. "The Experimental Foundations of Galen's Teleology". *Studies in History and Philosophy of Science*, 29, p. 63-80, 1998.

CUMINO, Alexandre. *Deus, Deuses, Divindades e Anjos*: Teologia, Mitologia e Angeologia. São Paulo: Madras, 2008.

DAHLKE, Rüdiger. *A Doença como Linguagem da Alma*. São Paulo: Cultrix, 1992.

DAMÁSIO, Antônio. *O Mistério da Consciência*: do Corpo e das Emoções ao Conhecimento em Si. São Paulo: Companhia das Letras, 2015.

DAVID, Rosalie. *Religião e Magia no Egito Antigo*. Tradução de Angela Machado. Rio de Janeiro: Difel, 2011.

DAVIDSON, J. Richard; BEGLEY, Sharon. *The Emocional Life of your Brain*: how its Unique Patterns Affect the Way you Think, Feel, and Live – and how You Can Change them. New York: Penguin, 2013.

DEBBIO, Marcelo del. *Kabbalah Hermética*. 1. ed. São Paulo: Daemon Editora, 2016.

DE'CARLI, Johnny. *Reiki: Apostilas Oficiais*. 3. ed. rev. e ampl. São Paulo: Madras, 2011.

DE LACY, P. "Galen's Platonism." *American Journal of Philosophy*, p. 27-39, 1972.

DETHLEFSEN, Thorwalf; DAHLKE, Rüdiger. *A Doença como Caminho*: uma Visão Nova da Cura como Ponto de Mutação em que um Mal se Deixa Transformar em Bem. São Paulo: Cultrix, 1992.

EDELSTEIN, L. The Genuine Works of Hippocrates. *Bulletin of the History of Medicine*, 7, p. 236-248, 1939.

EISLER, Riane. *O Cálice e a Espada*: nossa História, nosso Futuro. Rio de Janeiro: Imago, 2001.

ELLIS, Peter B. *The Druids*. Michigan: William B. Eerdmans Publishing Company, 1995.

ELSON, Christina; SMITH, Michael E. "Archaeological Deposits from the Aztec New Fire Ceremony". *Ancient Mesoamerica*, 12, p. 157-174, 2001.

EMOTO, Massuru. *As Mensagens da Água*. São Paulo: Ísis, 2004.

FINCHER, Suzanne F. *O Autoconhecimento através das Mandalas*: a Escolha das Técnicas e Cores mais Adequadas para a Criação de uma Mandala Pessoal. 10. ed. São Paulo: Pensamento, 1998.

FLAMEL, N. *Un Tresor de la Philosophie Ou le Desir Desire Ou Livre des Six Paroles*. [S. l.]: LBE Publications, 2011.

FRANÇA, I. S. X. et al. "Medicina Popular. Benefícios e Malefícios das Plantas Medicinais". *Revista Brasileira de Enfermagem*, Brasília, v. 61, n. 2, p. 201-208, 2008.

GAIMAN, Neil. *Mitologia Nórdica*. Rio de Janeiro: Intrínseca, 2017.

GLAS, Norbert. *Os Temperamentos*: a Face Revela o Homem. São Paulo: Antroposófica, 1995. v. II.

GONÇALVES, Jurez H. T.; SANTOS, Adriana S.; MORAIS, Harriman A. "Atividade Antioxidante, Compostos Fenólicos Totais e Triagem Fitoquímica de Ervas Condimentares

Desidratadas". *Revista da Universidade Vale do Rio Verde*. DOI: http://dx.doi.org/10.5892/ruvrd.v13i1.2003. 2015.

GRINBERG, L. P. *Jung, o Homem Criativo*. São Paulo: FTD, 1997.

HALL, Judy. *A Bíblia da Astrologia*. São Paulo: Pensamento, 2008.

HAS-COHEN, Noah; FINDLAY, Joanna C. *Art Therapy & The Neuroscience of Relationships, Creativity, & Resiliency*: Skills and Practices. New York: Norton & Company, 2015.

HAYT, William H.; BUCK, John A. *Eletromagnetismo*. 8. ed. São Paulo: McGraw Hill do Brasil, 2013.

IZQUIERDO, Ivan. *A Arte de Esquecer*: Cérebro e Memória. 2. ed. Rio de Janeiro: Vieira e Lent, 2010.

JAMBLICHUS. *On the Mysteries*. Tradução inglesa de T. Taylor. Londres: Stuart & Watkins, 1968.

JUNG, Carl G. *Psychology and Alchemy*. New York: Princeton Presss, 1968. v. 12, Bollingen Series.

_____. *Tipos Psicológicos*. Petrópolis: Vozes, 1971.

_____. *Fundamentos da Psicologia Analítica*. Petrópolis: Vozes, 1985.

_____. *O Homem e seus Símbolos*. 2. ed. especial. Rio de Janeiro: Nova Fronteira, 2008.

_____. *Mysterium Coniunctionis*: os Componentes da Coniunctio; Paradoxa; as Personificações dos Opostos. 6. ed. Petrópolis: Vozes, 2011. v. 14.

_____. *Espiritualidade e Transcendência*. Seleção e edição de Brigitte Dorst. Petrópolis: Vozes, 2019.

_____; WILHELM, Richard. *O Segredo da Flor de Ouro*: o Livro de Vida Chinês. 13. ed. Petrópolis: Vozes, 2010.

KANDEL, Eric R. *The Age of Insight*: the Quest to Understand the Inconscious in Art, Mind and Brain. New York: Random House, 2012.

KIRK, G. S.; RAVEN, J. S. *The Presocratic Philosophers*. Cambrigde: Cambrigde University Press, 1977.

KYNES, Sandra. *O Livro Completo das Correspondências Mágicas*. São Paulo: Pensamento, 2016.

LAO-TSÉ. *Tao-te King*. Texto e comentários de Richard Wilheim. São Paulo: Pensamento, 1984.

MACIOCIA, Giovanni. *Os Fundamentos da Medicina Chinesa*. 3. ed. São Paulo: Roca, 2017.

MANTOVANI, D.; CUNHA, J. I. *Um Tratado de Cura Através das Essências da Natureza*: Sistema Deuseluz de Florais. São Paulo: Madras, 2019.

MATHEWS, Ronald E. H. Burr's Biofields Measuring the Electromagnetics of Life. *Energies and Energy Medicine*, v. 18, n. 2, [s. d.].

MATTOS, Márcia. *O Livro da Lua 2020*: Descubra a Influência do Astro no seu Dia a Dia e a Previsão Anual para seu Signo. São Paulo: Elemento Secreto, 2020.

MELCHIDEZEK, D. *O Antigo Segredo da Flor da Vida*. São Paulo: Pensamento, 2009. v. 1.

MYERS, Isabel B.; MYERS, Peter. *Gifts Differing*: Understanding Personality Type. Palo Alto: Consulting Psychologists Press, 1980.

NETTESHEIM, Henrique Cornélio Agrippa. *Três Livros de Filosofia Oculta*. São Paulo: Madras, 2008.

NICHOLS, Sallie. *Jung e o Tarô*: uma Jornada Arquetípica. São Paulo: Cultrix, 2007.

PHILIP, Neil. *Mitos e Lendas em Detalhes*. As Mais Fascinantes Histórias do Mundo Examinadas e Reveladas. São Paulo: Publifolha, 2010.

QIN, B.; PANICKAR, K. S.; ANDERSON, R. A. ": Potential Role in the Prevention of Insulin Resistance, Metabolic

Syndrome, and Type 2 Diabetes". Journal of Diabetes Science and Technology, 4, p. 685-693, 2010.

RAMOS, L. M. A. "Os Tipos Psicológicos na Psicologia Analítica de Carl Gustav Jung e o Inventário de Personalidade "Myers-Briggs Type Indicator (MBTI)": Contribuições para a Psicologia Educacional, Organizacional e Clínica". *Educação Temática Digital*, v. 6, n. 2, p. 137-180, 12 nov. 2008.

RIBICHINI, S. Beliefs and Religious Life. *In*: MOSCATI, Sabatino (ed). *The Phoenicians*. Milão: Gruppo Editoriale Fabbri, 1988. p. 104-125.

ROLA, Stanislas Klossawski. *Alquimia*. Rio de Janeiro: Del Prado, 1996.

RUDHYAR, Dane. *A Astrologia da Transformação*. 10. ed. São Paulo: Pensamento, 1995.

SANTOS, Yedda Pereira dos. *Dicionário da Alquimia*: a Chave da Vida. São Paulo: Madras, 2012.

SARACENI, Rubens. *A Magia Divina das Velas*: o Livro das Sete Chamas Sagradas. São Paulo: Madras, 2000.

_____. *Rituais Umbandistas*: Oferendas, Firmezas e Assentamentos. São Paulo: Madras, 2007.

_____. *Gênese Divina da Umbanda Sagrada*. São Paulo: Madras, 2008.

_____. *Livro das Energias e da Criação*: a Base Energética da Criação. São Paulo: Madras, 2010.

SCHADEN, Egon. *Aspectos Fundamentais da Cultura Guarani*. 3. ed. São Paulo: EPU, 1974.

SELIGMANN, Kurt. *The History of Magic*: a Catalogue of Sorcery, Witchcraft and the Occult. New York: [s. n.], 1997.

SHARP, Daryl. *Tipos de Personalidade*: o Modelo Tipológico de Jung. São Paulo: Cultrix, 1991.

SILVA, Berlamino. *Petyngua*: Símbolo da Vida Guarani. Trabalho de Conclusão de Curso, Aldeia Linha Limeira – TI Chapecó e Florianópolis, fev. 2015.

SILVEIRA, Nise da. *Imagens do Inconsciente*. Petrópolis: Vozes, 2015.

STEINER, Rudof. *O Mistério dos Temperamentos*. São Paulo: Antroposófica, 1996.

_____. *Seres Elementais e Seres Espirituais*: sua Existência e sua Atuação. 4. ed. São Paulo: Antroposófica, 2013.

TRISMEGISTOS, H. *Corpus Hermeticum*: Discurso de Iniciação. A Tábua de Esmeralda. São Paulo: Hemus, 2005.

ZACHARIAS, José J. de Morais. *Os Tipos Humanos*. 2. ed. São Paulo: Paulus, 2006.

ZELL-RAVENHEART, Oberon. *Grimório para Aprendiz de Feiticeiro*: Magia para o Dia-a-Dia. São Paulo: Madras, 2004.

MADRAS® Editora

CADASTRO/MALA DIRETA

Envie este cadastro preenchido e passará a receber informações dos nossos lançamentos, nas áreas que determinar.

Nome _____
RG _____ CPF _____
Endereço Residencial _____
Bairro _____ Cidade _____ Estado ____
CEP _____ Fone _____
E-mail _____
Sexo ❏ Fem. ❏ Masc.   Nascimento _____
Profissão _____ Escolaridade (Nível/Curso) _____

Você compra livros:
❏ livrarias   ❏ feiras   ❏ telefone   ❏ Sedex livro (reembolso postal mais rápido)
❏ outros: _____

Quais os tipos de literatura que você lê:
❏ Jurídicos   ❏ Pedagogia   ❏ Business   ❏ Romances/espíritas
❏ Esoterismo   ❏ Psicologia   ❏ Saúde   ❏ Espíritas/doutrinas
❏ Bruxaria   ❏ Autoajuda   ❏ Maçonaria   ❏ Outros:

Qual a sua opinião a respeito desta obra? _____
_____

Indique amigos que gostariam de receber MALA DIRETA:
Nome _____
Endereço Residencial _____
Bairro _____ Cidade _____ CEP _____

Nome do livro adquirido: ***Os Quatro Elementos***

Para receber catálogos, lista de preços e outras informações, escreva para:

MADRAS EDITORA LTDA.
Rua Paulo Gonçalves, 88 – Santana – 02403-020 – São Paulo/SP
Caixa Postal 12183 – CEP 02013-970 – SP
Tel.: (11) 2281-5555 – Fax.:(11) 2959-3090
www.madras.com.br

MADRAS® Editora

Para mais informações sobre a Madras Editora,
sua história no mercado editorial
e seu catálogo de títulos publicados:

Entre e cadastre-se no site:

www.madras.com.br

Para mensagens, parcerias, sugestões e dúvidas, mande-nos um e-mail:

marketing@madras.com.br

SAIBA MAIS

Saiba mais sobre nossos lançamentos,
autores e eventos seguindo-nos no facebook e twitter:

@madrased

/madraseditora